英検®

4級 頻出度別問題集

高橋書店

CONTENTS

編集協力	どりむ社	音声協力	Chris Koprowski
データ分析	岡野 秀夫		Rachel Walzer
本文イラスト	のだ かおり・内藤 あけみ・山田 奈穂		水月 優希
		校閲	株式会社パシフィックイングリッシュクラブ
音声制作	(一財)英語教育協議会(ELEC)		

英検®4級受験にあたって

試験の出題レベル

中学中級程度です。具体的には基礎的な英語を理解し、簡単な英語を聞くこと、話すことができる程度です。

審査領域

読む…簡単な文章を理解することができる。
聞く…簡単な内容を理解することができる。
話す…簡単な内容についてやりとりすることができる。
書く…簡単な文を書くことができる。

試験概要

一次試験（筆記とリスニング）があります。結果は、ウェブサイト上と書面で通知されます。

なお、4級は二次試験はありません。一次試験の合否に関わらずコンピューター端末を利用したスピーキングテストを受けられます。

試験の時期

6月・10月・1月の、年3回行われます。

試験の申し込み期間と申し込み場所

大体、試験の2か月半前から1か月前の間に申し込めます。個人で受験する場合、一部の書店、コンビニエンスストア、インターネットで申し込めます。

受験地

協会の指定した場所で受験します。

試験についての問い合わせ先

公益財団法人 日本英語検定協会
〒162-8055　東京都新宿区横寺町55
TEL 03-3266-8311（英検サービスセンター）
URL https://www.eiken.or.jp/

※試験についての関連事項は変わることがあります。

試験内容

試験の問題数は筆記35問とリスニング30問の計65問です。

試験時間は筆記が35分、リスニングが約30分です。

解答はマークシート方式で鉛筆かシャープペンで正解と思われるところをぬりつぶします。

● 筆記試験　35問(35分)	問題数	本書の該当章
① 短文の語句空所補充 短文、または会話文の空所に入る語句を四つの選択肢から選ぶ。	15	第1章
② 会話文の文空所補充 会話の中に空欄があり、そこに入れる表現を四つの選択肢から選ぶ。	5	第2章
③ 日本文付き短文の語句整序 日本語の文を読み、その意味に合うように与えられた語句を並びかえる。その2番目と4番目にくるものの組み合わせを選ぶ。	5	第3章
④ 長文の内容一致選択 長文に関する質問に対して、最も適切な解答を四つの選択肢から選ぶ。長文は「掲示・案内」「Eメール(手紙文)」「説明文」などから3題出題される。	10	第4章
● リスニング試験　30問(約30分)		
① 会話の応答文選択 イラストを参考にしながら対話を聞いて、その最後の文に応答する文を、三つの選択肢から選ぶ(選択肢は問題用紙には印刷されない、英文は2回読まれる)。	10	第5章
② 会話の内容一致選択 対話を聞いて、その質問に対する答えを、四つの選択肢から選ぶ(英文は2回読まれる)。	10	第5章
③ 文の内容一致選択 文を聞いてその質問に対する答えを四つの選択肢から選ぶ(英文は2回読まれる)。	10	第5章

本書の特長

❶ 頻出度別にパートを分け、よく出る問題から始められる

ここ数年間に出題された４級の問題を細かく分析し、第１章は頻出度A・B・Cの３パート、ほかの章はA・Bの２パートに分類して構成しています。

頻出度A：過去にもよく出た、重要度の高い問題

頻出度B：Aの次に重要度の高い問題

頻出度C：A、B以外の押さえておきたい問題

なお第４章　長文問題は、重要度で表示しています。

❷ 赤チェックシートで答えが隠せる、重要語句が覚えられる

付属の赤チェックシートを使えば、解答を隠しながら、問題を解いていくことができます。

また、選択肢にある語句の意味、文中に出る語句の意味まで、同時にチェックできます。正解に限らず、紙面にある語句はどれも４級に必要なものばかりなので、大いに活用できます。

❸ リスニング問題が充実

最近の試験で特に重要視されるようになった、リスニング問題の数を充実させています。この一冊で合計72問を習得できます。

❹ パソコン・スマートフォンで音声を聞ける

以下の手順を参考に、学習環境に合わせてご利用ください。

・下記の専用サイトにアクセス、もしくは二次元コードを読み取り、お使いの書籍を選択してください。

https://www.takahashishoten.co.jp/audio-dl/

・パスワード入力欄にシリアルコード（42164）を入力してください。

・全音声をダウンロードするをクリック
※ストリーミングでも再生できます

※本サービスは予告なく終了することがあります。
※パソコン・スマートフォンの操作に関する質問にはお答えできません。

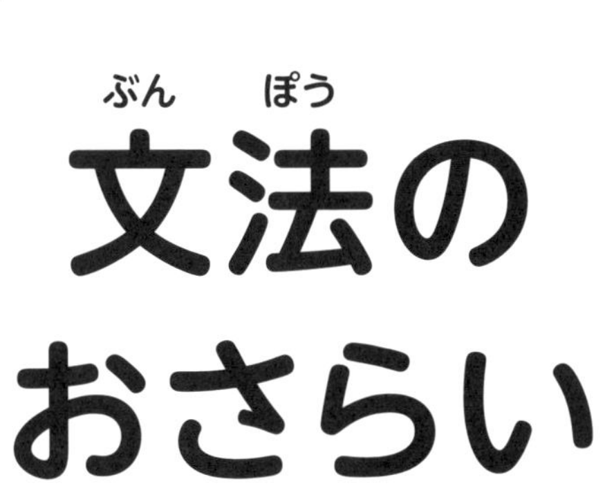

文法(ぶんぽう)のおさらい

4th Grade

1 未来や過去の出来事を話そう 未来形、過去形

Kate：I will go to France this summer.

「この夏、フランスへ行くのよ。」

Simon：Really? I went there last summer. It was great.

「本当？ ぼく、去年の夏にそこへ行ったよ。すばらしかったよ。」

時制をマスターすれば、過去の思い出や将来のことも表現できるね！

未来形の作り方

Point 1 動詞の原形の前に will を置くと、未来のことを表現できる。

He comes here. ➡ He will come here.
「彼はここに来ます。」 「彼はここに来るでしょう。」

She is happy. ➡ She will be happy if you write a letter.
「彼女は喜んでいます。」 「あなたが手紙を書いたら、彼女は喜ぶでしょう。」

Point 2 否定文は not をつける。疑問文は will を前に出す。

否定文 It will not (won't) be rainy tomorrow. 「明日は雨ではないでしょう。」

疑問文 Will you go abroad? 「あなたは海外へ行きますか？」
– Yes, I will. 「はい、行きます。」 / No, I won't. 「いいえ、行きません。」

Point 3 be going to + 動詞の原形 で、より確実な未来（予定）を表現できる。

I am going to do my homework. 「私は宿題をする予定です。」

否定文 He is not going to clean his room. 「彼は彼の部屋をそうじしようとしていません。」

疑問文 Is she going to study abroad? 「彼女は留学する予定ですか？」

過去形の作り方

Point 1 動詞を過去形にすると、過去の出来事を表現できる。

He talks to me. ➡ He talked to me.
「彼は私に話しかけます。」 「彼は私に話しかけました。」

Point 2 否定文は did not + 動詞の原形、疑問文は Did を文頭につける。

否定文 I did not (didn't) study hard.「私は一生懸命、勉強しませんでした。」

疑問文 Did you do your homework?「あなたは宿題をしましたか？」

一般動詞の過去形の作り方

語末に ed をつける	talk ➡ talked / help ➡ helped
e で終わる語は d をつける	use ➡ used / live ➡ lived
y を i にかえて ed をつける	study ➡ studied / try ➡ tried
子音字を重ねて ed をつける	stop ➡ stopped / plan ➡ planned
不規則動詞	see ➡ saw / make ➡ made

Point 3 be動詞の文は be動詞を過去形にする。

I was six years old.「私は６歳でした。」

We were happy when you came.「あなたが来たとき、私たちはうれしかったです。」

否定文 She was not (wasn't) a teacher.「彼女は先生ではありませんでした。」

疑問文 Was he sick yesterday?「彼は昨日、病気でしたか？」

be動詞の現在形と過去形

主語	現在形	過去形
私	am	was
彼 彼女 それ	is	was

主語	現在形	過去形
あなた 私たち あなたたち 彼ら	are	were

やってみよう！

(　　) に入る語を下から一つ選びなさい。

Yesterday, I (❶) some cookies.
They were delicious.

{ make / making / made / makes }

昨日という時を表す単語に注目しよう！

❷ to ＋ 動詞の使い方を知ろう　不定詞

Ben：I want to go to Hokkaido.

「北海道へ行きたいな。」

Hugo：Me too. I know something interesting to see.

「ぼくもだよ。見るのにおもしろいものを知っているよ。」

Ben：I want to go there to eat a lot of fish!

「ぼくはたくさん魚を食べるために行きたいんだ！」

to が付くことで意味が「～すること」「～するために」になっているね！

不定詞の作り方

Point 1 to ＋動詞の原形で「～すること」という名詞になる（不定詞）。

My hobby is to play the piano.「私の趣味はピアノを弾くことです。」

It is interesting to talk with you.「あなたと話すことはおもしろいです。」

Point 2「～するための」「～するべき」という形容詞にもなる。

I need something to drink.「私は何か飲みもの（＝飲むための何か）が必要です。」

I don't have anything to do.「私は何もすること（＝するための何か）がありません。」

Point 3「～するために」という副詞にもなる。

She went to Canada to study English.「彼女は英語を勉強するためにカナダへ行きました。」

Please come to see my parents.「私の両親に会うために来てください。」

やってみよう！

（　）に入る語を下から一つ選びなさい。

Yoko will go to the park（ ❷ ）some beautiful flowers.

｛ to see / seeing / saw / see ｝

何をしに公園へ行くのかな？

③ 動詞を名詞として使おう　動名詞

Arthur：I like playing the guitar.

「ギターを演奏するのが好きだ。」

Henry：Me too. I also enjoy singing.

「ぼくもだよ。歌うことも楽しんでいるよ。」

Teacher：Well, stop talking in the class!

「えぇと、授業中に話すのはやめなさい！」

動詞に ing をつけると名詞にもなるよ。不定詞にも似ているね！

動名詞の作り方

Point 1 動詞の -ing形は、名詞として使うことができる（動名詞）。

Playing tennis is very fun.「テニスをすることはとても楽しいです。」

I like swimming in the sea.「私は海で泳ぐことが好きです。」

Point 2 不定詞と動名詞のどちらかとしかつなげない動詞もある。

He enjoys talking（✕ to talk）with his brother.「彼は兄弟と話すのを楽しみます。」

She decided to talk（✕ talking）to her teacher.「彼女は先生と話すことを決めました。」

I want to talk（✕ talking）with her.「私は彼女と話してみたい。」

Point 3 不定詞と動名詞で意味が変わる動詞もある。

They stopped talking with me.「彼らは私と話すのをやめました。」

They stopped to talk with me.「彼らは私と話すために立ち止まりました。」

やってみよう！

（　）に入る語を下から一つ選びなさい。

Jack, stop（❸）TV and wash the dishes!

｛ to watch / watches / watch / watching ｝

④ 物や人と比べてみよう　比較級、最上級

John：Chris, you are taller than me.

「クリス、君はぼくより背が高いね。」

Chris：Yes, but I'm smaller than Harry.
He is the tallest in our class.

「そうだね。でもハリーよりは小さいよ。
彼はぼくらのクラスで一番背が高いよ。」

比べ方には「～よりも」(比較級) と「一番～」(最上級) があるよ！

比較級・最上級の文の作り方

Point 1 二つのものや人を比べるときは、比較級 + than を使う。

She runs faster than you. 「彼女はあなたより速く走ります。」

This book is more interesting than that book. 「この本はあの本よりおもしろいです。」

Point 2 「～の中で一番…だ」と言うときは the + 最上級 を使う。

She is the smallest in her family. 「彼女は家族の中で一番小さいです。」

He is the most famous actor in this country. 「彼はこの国で一番有名な俳優です。」

比較級・最上級の作り方

	原型	比較級	最上級
語末に er / est をつける	dark	darker	darkest
e で終わる語は r / st をつける	large	larger	largest
子音字を重ねて er / est をつける	big	bigger	biggest
y を i にかえて er / est をつける	pretty	prettier	prettiest
前に more / most を置く	beautiful	more beautiful	most beautiful

やってみよう！

（　）に入る語を下から一つ選びなさい。

I got a new cell phone. It's (❹) useful than my old one.

{ much / more / many / most }

つづりが長いときに more や most を使うことが多いよ。

やってみよう！答え ❶ made ❷ to see ❸ watching ❹ more

第1章

短文(たんぶん)の語句(ごく)空所(くうしょ)補充(ほじゅう)

4th Grade

短文の語句空所補充

英文中の（　）に入る適切な語句を選んで短文や会話文を完成させる問題。15問出題されます。次の３種類の問題があります。

❶ 語彙問題　❷ 熟語問題　❸ 文法問題

近年の傾向では語彙、熟語に対して、文法の問題が少なくなっています。

Point 1 語彙は前後の意味から判断する

語彙に関する問題が一番多く出ます。中学２年までに習った単語がほとんどですが、中には見慣れない単語もあります。しかし、英文の前後の意味から判断するとわかるので、その語を当てはめて自然な流れになるものを選びます。

例題（　）に入れるのに最も適切なものを選びなさい。

His father is a（　　）reporter.

1 long　**2** left　**3** cloudy　**4** famous

正解 4

訳 彼の父は有名な記者だ。

reporter「記者」の意味がわからなくても、**1**～**4** の選択肢の語句を入れてみると、**1** 彼の父は長い～、**2** 彼の父は左の～、**3** 彼の父は曇りの～、**4** 彼の父は有名な～、となり、**4** 以外は不自然なことから答えが絞り込めます。

Point 2 熟語は文の中で覚える

中学１年、２年の教科書に出てくる熟語はすべてマスターしましょう。覚えるときは文の中で覚えるとより効率的です。例えば、look for ～「～を探す」だけで覚えるより、I'm looking for a book about fish.「魚についての本を探しています」の文で覚えた方が、理解がより深まります。

例題 （　　）に入れるのに最も適切なものを選びなさい。

A：I'm sorry I can't go there. I have a（　　）.

B：That's too bad. Take care.

1 cold　**2** summer　**3** desk　**4** family

正解 1

訳 **A**：残念ですがぼくはそこへ行けません。かぜをひいています。

B：お気の毒に。気をつけてね。

ここではhave a cold「かぜをひく（ひいている）」という熟語を覚えていることがポイントです。

Point 3 文法は中学1年、2年の範囲を押さえておこう

中学1年、2年の英語の文法知識があれば対応できます。最近の出題傾向を見ると、下記の問題がよく出題されています。

❶ **単数・複数の問題**

❷ **代名詞（he、she、they、meなど）の問題**

❸ **疑問文を作る問題**

例題 （　　）に入れるのに最も適切なものを選びなさい。

My brother has two dogs.（　　）are very big.

1 He　**2** Our　**3** They　**4** Their

正解 3

訳 私の兄（弟）は犬を2匹飼っています。それらはとても大きいです。

two dogs「2匹の犬」＝They「それら」と考えて答えを選びます。one dogならIt となります。

短文の語句空所補充

次の（　　）に入れるのに最も適切なものを **1**、**2**、**3**、**4** の中から一つずつ選びなさい。

(1) **A**：What（　　）is Ken studying at school?
B：Chinese.

1 classroom　**2** language
3 teacher　**4** word

(2) **A**：How many（　　）did you buy at the museum yesterday?
B：I bought four.

1 houses　**2** computers
3 cameras　**4** tickets

(3) **A**：Well, Steve. Can we play tennis together tomorrow?
B：Yes. Tomorrow is（　　）with me.

1 rainy　**2** soft
3 fine　**4** dark

(4) When I（　　）getting on the bus, someone called my name.

1 am　**2** are
3 were　**4** was

(5) We have a（　　）park in our town. It has some tennis courts and a soccer ground.

1 fast　**2** interesting
3 large　**4** warm

解答・解説

(1) 訳 A：ケンは学校で何の言語を学習していますか？
B：中国語です。

ANSWER 2

解説 **1** classroom「教室」**2** language「言語」**3** teacher「教師」**4** word「単語」。What ～？「何の～？」とたずねていることがポイント。Chinese と答えているので、「何の言語」とたずねているとわかる。word は pen のような一つの単語を指す。How many English words do you know?「あなたは英単語をいくつ知っていますか？」のように使う。

(2) 訳 A：昨日、博物館でチケットを何枚買いましたか？
B：４枚買いました。

ANSWER 4

解説 **1** house「家」**2** computer「コンピューター」**3** camera「カメラ」**4** ticket「チケット」それぞれの複数形。博物館で何を買うかを考える。**B**が四つ買ったと答えていることから tickets だと推測できる。How many + 複数名詞は「いくつの～」の意味。bought は buy「買う」の過去形。

(3) 訳 A：ねえ、スティーブ。明日、一緒にテニスができる？
B：いいよ。明日はだいじょうぶだよ。

解説 **1** rainy「雨の」**2** soft「柔らかい」**3** fine「結構な」**4** dark「暗い」。fine with me. は、提案や発言に対して「私でよければ、よろしくお願いします」と返答するときに使う。

(4) 訳 私がバスに乗ろうとしたとき、誰かが私の名前を呼んだ。

ANSWER 4

解説 get on「乗る」が、getting on になっているので、am か was が入る。called「呼んだ」に合わせると、was だとわかる。was getting で過去進行形。someone「誰か」は肯定文のときに使い、疑問文・否定文では anyone を使う。

(5) 訳 私たちの町には大きな公園があります。そこにはいくつかのテニスコートとサッカー場が一つあります。

解説 **1** fast「速い」**2** interesting「(知的に) 楽しい」**3** large「大きい」**4** warm「暖かい」。２文目にテニスコートやサッカー場があるとのべていることから、park を説明する large が当てはまると推測できる。tennis court「テニスコート」、soccer ground「サッカー場」。

(6) I bought ( ) a toy yesterday. He was very glad.

1 he **2** his
3 him **4** it

(7) **A**：You must ( ) her birthday, David.
B：Of course. I'll buy flowers for her.

1 remember **2** stay
3 brush **4** use

(8) ( ) up, Susan. It's seven thirty.

1 Wake **2** Think
3 Drink **4** Show

(9) Ken and Jack went to the zoo yesterday and saw many animals there. They ( ) very happy.

1 was **2** are
3 were **4** is

(10) I took a very big present to my friend's house after school, so my ( ) were tired.

1 bridges **2** umbrellas
3 arms **4** knives

(11) **A**：I'm a member of this baseball team.
B：Really? I was ( ) a member when I was a high school student.

1 strong **2** any
3 away **4** also

(6) 訳 **私は昨日、彼におもちゃを買いました。彼はとても喜びました。**

解説 he「彼は」は、his「彼の」him「彼を」と変化する。bought him a toy「彼におもちゃを買った」のように、「～に」には he の目的格 him が当てはまる。「～に」「～を」のような目的語を二つ持つ動詞は bought「buy の過去形」のほか、give、show、bring、teach、tellなどがある。toy「おもちゃ」。

(7) 訳 **A：彼女の誕生日を覚えておかないといけないよ、デイビッド。**
B：もちろんさ。彼女のために花を買うつもりだよ。

解説 **1** remember「～を覚えている」**2** stay「とどまる」**3** brush「～にブラシをかける」**4** use「使う」。must「～しなければならない」の直後は動詞の原形がくる。デイビッドが花を買うつもりだと答えていることから、誕生日を覚えておくようにと忠告されているとわかる。

(8) 訳 **スーザン、起きなさい。7時半ですよ。**

解説 **1** wake up「目が覚める」**2** think「考える」**3** drink「飲む」**4** show「見せる」。I woke up at six this morning.「私は今朝6時に目が覚めた」のように使う。

(9) 訳 **ケンとジャックは昨日、動物園へ行って、そこでたくさんの動物を見ました。彼らはとても幸せでした。**

解説 1文目に went、yesterday、sawとあるので、過去の話だとわかる。現在なら、They are happy.「彼らは幸せです」と表現するが、過去なので are の過去形 were を使う。

(10) 訳 **私は放課後、友だちの家にとても大きなプレゼントを持っていったので、腕が疲れました。**

ANSWER 3

解説 **1** bridge「橋」**2** umbrella「傘」**3** arm「腕」**4** knife「ナイフ」それぞれの複数形。take ～（物）で「～を持っていく」。**【類】** bring ～（物）「～を持ってくる」。文末の tired「疲れた」に注目。物を運んで、何が疲れたのかを推測する。

(11) 訳 **A：ぼくはこの野球部の部員です。**
B：本当ですか？　私も高校時代は部員でした。

解説 **1** strong「強い」**2** any「いくらかの」**3** away「離れて」**4** also「～もまた」。a member of ～「～の一員」。when I was a high school studentは「私が高校生のとき」の意味。Aに野球部の部員です、と言われたので「私も」と答える also が適する。

(12) ☐ My hair is longer than ( ). But I'm going to cut my hair short tomorrow.

1 her **2** she
3 hers **4** mine

(13) ☐ **A** : What song did you ( ) last night?
B : I sang some classical songs.

1 sang **2** sung
3 sing **4** singing

(14) ☐ **A** : I like to read this ( ) of book.
B : Really? I'll lend you this book.

1 kind **2** wind
3 speech **4** useful

(15) ☐ **A** : I saw you and Karen in the park yesterday. What were you doing?
B : We ( ) playing basketball.

1 are **2** is
3 were **4** was

(16) ☐ It's raining heavily, so we need to ( ) playing soccer.

1 call **2** stop
3 brush **4** sing

(17) ☐ **A** : Why don't you go fishing tomorrow?
B : Sorry, I can't. I'll be very ( ) tomorrow.

1 easy **2** free
3 busy **4** cold

(12) 訳 私の髪は彼女の髪より長いです。でも明日、髪を短く切るつもりです。 ANSWER 3

解説 I「私は」は、my「私の」me「私を」mine「私のもの」と変化し、she「彼女」は、her「彼女の」her「彼女を」hers「彼女のもの」と変化する。私の髪は彼女の髪より長いと言いたいので、2語であれば her hair、問題では1語なので hers となる。

(13) 訳 A：ゆうべ、何の歌を歌いましたか？ ANSWER 3
B：古典的な曲を何曲か歌いました。

解説 last night「ゆうべ」から過去形だとわかる。疑問文なので sang でなく、原形の sing になる。sing「歌う」sang「過去形」sung「過去分詞」singing「-ing形」のように変化する。

(14) 訳 A：私はこの種類の本を読むのが好きです。 ANSWER 1
B：本当ですか？　この本をあなたに貸してあげましょう。

解説 **2** wind「風」**3** speech「演説」**4** useful「役に立つ」。a kind of ～「～の種類」。kindの後にくる名詞はふつう a や the は付かない。What kind of music do you like ?「あなたはどんな音楽が好きですか？」の表現も覚えておこう。useful は、This dictionary is very useful for me.「この辞書は私にとってとても役立つ」のように使う。

(15) 訳 A：昨日、君とカレンを公園で見かけたよ。何をしていたの？ ANSWER 3
B：私たちはバスケットボールをしていたよ。

解説 1文目に yesterday とあるので、過去の話だとわかる。are の過去形は were、is の過去形は was。また、2文目に we とあるので、was ではなく、一人称複数形の主語に対応する were を使う。

(16) 訳 大雨が降っているので、サッカーをするのをやめる必要がある。 ANSWER 2

解説 **1** call「～をよぶ」**2** stop「やめる」**3** brush「～をみがく」**4** sing「～を歌う」。この文では、so は「だから、それで」という意味。playing soccer「サッカーをすること」。大雨が降っている、だから、「サッカーをすること」をどうするのかを考える。

(17) 訳 A：明日、釣りに行きませんか？ ANSWER 3
B：ごめんなさい、行けません。明日はとても忙しいんです。

解説 **1** easy「簡単な」↔ difficult「難しい」**2** free「暇な」**3** busy「忙しい」**4** cold「寒い」↔ hot「暑い」。釣りに行けない理由としてふさわしいものを選ぶ。Why don't you ～？「～しませんか？（誘う言い方）」は、Let's ～. と同じ意味。

(18) Cindy ( ) for a bank in New York. She likes her job very much.
☐
1 runs **2** works
3 dances **4** says

(19) I'm busy now. I must ( ) this work before evening.
☐
1 carry **2** finish
3 believe **4** play

(20) **A**：Hello, I'm Yamada. May I speak to Mr. Baker?
☐
B：( ) a minute, please. I'll call him to the phone.
1 More **2** Just
3 Most **4** Little

(21) **A**：I lost my bag in the train last Sunday.
☐
B：Don't ( ) sad. Someone will find it.
1 be **2** is
3 are **4** being

(22) I bought a brown table and four yellow chairs last Sunday.
☐
I like ( ) very much.
1 their **2** its
3 it **4** them

(23) **A**：What is your ( ) in the future?
☐
B：I want to be a pilot.
1 doctor **2** father
3 school **4** dream

(18) 訳 シンディーはニューヨークの銀行に勤めています。彼女は自分の仕事がとても好きです。

解説 **1** run「走る」**3** dance「踊る」**4** say「言う」それぞれの三人称単数現在形。**2** work for で「～に勤める」を意味する。job「仕事」。2文目に「仕事が好き」とあることから、works が適するとわかる。

(19) 訳 今とても忙しいです。夕方までにこの仕事を終わらせなければなりません。

解説 **1** carry「運ぶ」**2** finish「終わる」**3** believe「信じる」**4** play「遊ぶ、(スポーツを) する」。忙しいのは、この仕事をどうしなければならないのか考える。busy「忙しい」↔ free「暇な」、must = have to ～「～しなければならない」。

(20) 訳 A：もしもし、山田と申します。ベイカーさんをお願いできますか？

B：少々お待ちください。彼に代わります。

解説 Just a minute.「少し待ってください」。hello は日本語の「もしもし」にあたる言葉。May I speak to ～?「～さんをお願いできますか？」は電話をかけるときの表現。phone「電話」。

(21) 訳 A：先週の日曜日、電車でかばんをなくしました。

B：悲しまないで。誰かがそれを見つけてくれるでしょう。

解説 Don't から始まる否定の命令文。命令文の場合、動詞は原形になるので注意。**【例】** You're happy.「あなたは幸せです」→ Be happy.「お幸せに」。

(22) 訳 私は先週の日曜日に、茶色のテーブル1台と、黄色い椅子を4脚買いました。私はそれらをたいへん気に入っています。

解説 先週の日曜日に買ったものは、a table と four chairs だから、それらを1語で表すのは it の複数形 them になる。it「それは」its「それの」it「それを」、they「それらは」their「それらの」them「それらを」。

(23) 訳 A：あなたの将来の夢は何ですか？

B：私はパイロットになりたいです。

ANSWER 4

解説 **1** doctor「医者」**2** father「父」**3** school「学校」**4** dream「夢」。**B** の「将来パイロットになりたい」から推測しよう。in the future「将来(において)」。**1** の doctor「医者」の種類には、dentist「歯科医」、eye doctor「眼科医」、children's doctor「小児科医」などがある。

(24) Today's science class was interesting. Mr. Green talked ( ) the moon.

1 with　2 about
3 after　4 over

(25) Soccer is ( ). I practice it every day.

1 sorry　2 early
3 fun　4 glad

(26) I practice the dance with friends every weekend.
I want to be a musical star in the ( ).

1 today　2 future
3 sometimes　4 ahead

(27) A : Jeff, I'm not ready for the meeting yet. Can you help me?
B : Sure, no ( ).

1 answer　2 computer
3 problem　4 thank

(28) A : Joe, it's 5 : 15! Go ( ) once. You'll miss the first train.
B : Yes, Dad.

1 at　2 from
3 of　4 in

(29) A : I'll ( ) home by bus. How about you?
B : Me too. Let's go to the bus stop over there.

1 get　2 build
3 sell　4 decide

(24) 訳 今日の理科の授業はおもしろかったです。グリーン先生が月について話しました。

解説 **1** with「～と一緒に」**2** about「～について」**3** after「～のあと」**4** over「～の上に」。talk about ～「～について話す」。talk about him「彼について話す」など、about は話題にしているものについて使う。

(25) 訳 サッカーは楽しいです。ぼくは毎日練習しています。

解説 **1** sorry「残念で、申し訳なくて」**2** early「早く」↔ late「遅く」**3** fun「楽しい」**4** glad「喜んで」。毎日練習する理由としてふさわしいものを選ぶ。**4** は I am glad to ～で「～してうれしい」。【類】interesting「(知的に) 楽しい、興味深い」。

(26) 訳 私は週末ごとに友だちとダンスの練習をします。将来はミュージカルスターになりたいです。

解説 **1** today「今日」**3** sometimes「時どき」**4** ahead「前方に」。in the future「将来」の意味。practice「練習する」、every weekend「週末ごとに」。

(27) 訳 **A**：ジェフ、まだ会議の準備ができていません。手伝ってくれますか？
B：ええ、かまいませんよ。

解説 **1** answer「答え」**2** computer「コンピューター」**4** thank「感謝」。problem「問題」、no problem「問題がない」は何かを依頼されて引き受けるときに使う。No, thanks は「いや、けっこう」という意味で、No, thank you. のくだけた言い方。

(28) 訳 **A**：ジョー、5時15分だよ！ すぐ行きなさい。始発に乗り遅れるぞ。
B：わかった、お父さん。

解説 once「一度」は、at once で「直ちに」という意味。miss「～をしそこなう」。Go at once.「直ちに行きなさい」という命令文。the first train「始発電車」。

(29) 訳 **A**：私はバスで家に帰ります。あなたはどうするの？
B：私もよ。向こうのバス停まで行きましょう。

ANSWER 1

解説 **2** build「建てる」**3** sell「売る」**4** decide「決める」。get home「帰宅する」が当てはまる。by bus「バスで」。How about you?「あなたはどうするの？」、Me too.「私も」は会話でよく使う表現。over there「向こう」。

(30) I went to China two years ago. I visited some schools and ( ) many new friends there.

1 studied　　2 sang
3 went　　4 made

(31) A : What is your dream?
B : I want to be a famous singer all ( ) the world.

1 by　　2 over
3 in　　4 off

(32) Mason and Sophia ( ) in the music room now. They're in the library.

1 doesn't　　2 aren't
3 isn't　　4 don't

(33) My brother works ( ) nine to five every day. He usually gets home at six.

1 with　　2 at
3 in　　4 from

(34) A : How was yesterday's party?
B : I ( ) a very good time.

1 have　　2 had
3 has　　4 having

(35) A : What's up? Can I help you?
B : Yeah. I'm ( ) for my bag now.

1 looking　　2 taking
3 watching　　4 seeing

(30) 訳 私は2年前に中国に行きました。そこでいくつかの学校を訪問して、多くの新しい友だちができました。

ANSWER 4

解説 **1** studied「勉強する」studyの過去形。**2** sang「歌う」singの過去形。**3** went「行く」go の過去形。**4** made は make の過去形で、make a friend「友だちになる」という意味。visited は「訪問する」visit の過去形。

(31) 訳 **A**：あなたの夢は何ですか？
B：私は世界中で有名な歌手になりたいです。

ANSWER 2

解説 all over the world「世界中で」。over「～の上に」から派生して「～をおおって、一面に」などの意味もある。

(32) 訳 メイソンとソフィアは今、音楽室にいません。図書室にいます。

解説 **1** doesn't「does not の短縮形」**2** aren't「are not の短縮形」**3** isn't「is not の短縮形」**4** don't「do not の短縮形」。Mason and Sophia are in the music room now.「メイソンとソフィアは今、音楽室にいます」の否定文なので、are not を使う。

(33) 訳 私の兄（弟）は毎日9時から5時まで働いています。彼はいつも6時に帰宅します。

解説 from A to B「AからBまで」と表す。場所の場合は from the station to my house「駅から自宅まで」となる。get home「帰宅する」。

(34) 訳 **A**：昨日のパーティーはどうだった？
B：とっても楽しかったよ。

解説 have a good time「楽しいときを過ごす」。How ～？「どんな具合で？、どんなふうで～？」。yesterday「昨日」とあるので過去形で答える。

(35) 訳 **A**：どうしたの？ 何か手伝おうか？
B：うん。今、かばんを探しているのよ。

ANSWER 1

解説 look for ～「～を探す」。ほかに lose「なくす」、find「見つける」も覚えておこう。なお「見る」を表す単語の使い分けは、look「（注意してよく）見る」、see「（目に入って）見える」、watch「（lookよりも長い間、動くものや変化するものを目で追って）見る」。

(36) She ( ) like a rock singer.

1 looks
2 hears
3 listens
4 watches

(37) My father is going on a business ( ) next week.

1 world
2 trip
3 food
4 year

(38) A : Please ( ) hello to your family.
B : Of course, I will.

1 saying
2 said
3 to say
4 say

(39) She is often ( ) for school.

1 soon
2 slow
3 up
4 late

(40) There are many big cities in Japan—Tokyo, Osaka, Nagoya, ( ) example.

1 among
2 between
3 on
4 for

(41) A : Hurry up, John.
B : Just a ( ), please.

1 answer
2 reason
3 moment
4 question

(36) 訳 彼女はロック歌手みたいだ。 **ANSWER 1**

解説 **1** look「見える」**2** hear「(自然に) 聞こえてくる／耳に入る」**3** listen「(じっと) 聞く (tは発音しない)」**4** watch「(じっと) 見る」それぞれの三人称単数現在形。look like ～で「～のように見える／～に似ている」。

(37) 訳 私の父は来週、出張します。 **ANSWER 2**

解説 **1** world「世界」**2** trip「旅行」**3** food「食べ物」**4** year「年」。go on a business trip で「出張する」。business は「(売買の) 仕事」を表す。ほかに work は「(一般的な) 仕事」、job は「(お金をもらってやる) 仕事」。

(38) 訳 **A**：ご家族の皆様によろしくお伝えください。 **ANSWER 4**
B：ええ、もちろん。

解説 say hello to ～「～によろしく言う」で丁寧な命令文。please の後ろには動詞の原形。I will. は「はい、します」で自分の意志に確信を持って言うときに使う。

(39) 訳 彼女は学校によく遅刻します。 **ANSWER 4**

解説 be late for ～「～に遅刻する」↔ be in time for ～「～に間に合う」。often「よく」は、sometimes「時どき」より多く、usually「たいていは」より少ない頻度。これらの副詞はbe動詞の後、一般動詞の前に置かれる。

(40) 訳 日本にはたくさんの大都市があります—例えば東京、大阪、名古屋など。 

解説 for example で「例えば」。【類】like ～「～のような」、such as ～「例えば～のような」。There is ／ are ～ .「～があります」**1** among「(三つ以上の) 中で」**2** between「(二つの) 間で」**3** on ～「～の上で」。

(41) 訳 **A**：急いで、ジョン。 **ANSWER 3**
B：ちょっと待ってくださいよ。

解説 **1** answer「答え」**2** reason「理由」**3** moment「瞬間」**4** question「質問」。Just a moment. = Wait a moment.「ちょっと待ってください」。

(42) ☐ **A**：(　　) did you go to bed so late last night?
B：Because I watched a soccer game on TV.

1 Why　　**2** How
3 When　　**4** Who

(43) ☐ Mr. Preston is my homeroom teacher. He (　　) my brother math last year.

1 teach　　**2** teaches
3 taught　　**4** teaching

(44) ☐ **A**：My mother's chicken soup is (　　) than any other restaurant.
B：Lucky you.

1 most　　**2** better
3 best　　**4** good

(45) ☐ **A**：Let's go to the park (　　) the cherry trees, Mary.
B：OK. I'll take my camera with me.

1 to see　　**2** saw
3 sees　　**4** see

(46) ☐ **A**：(　　) I open the window?
B：Yes, please.

1 Shall　　**2** Let's
3 Would　　**4** Are

(47) ☐ **A**：Please stop (　　) in the library.
B：Oh, sorry.

1 talk　　**2** talks
3 to talk　　**4** talking

(42) 訳 **A**：ゆうべ、どうしてそんなに遅く寝たのですか？
B：テレビでサッカーの試合を見たからです。

解説 **1** Why「なぜ」**2** How「どのように」**3** When「いつ」**4** Who「誰」。「テレビでサッカーの試合を見たから」と理由を答えていることから、Why でたずねているとわかる。

(43) 訳 プレストン先生は私の担任です。彼は去年、兄（弟）に数学を教えました。

解説 **1** teach（原形）**2** teaches（三人称単数現在形）**3** taught（過去形）**4** teaching（-ing形）とすべて teach「教える」の変化形。last year「去年」をヒントに、過去形を選ぶ。

(44) 訳 **A**：私の母のチキンスープはどのレストランのものよりおいしいよ。
B：いいわねえ。

解説 **4** good「おいしい」は、good -better -bestと変化する。比較級 + than any other + 単数名詞で、「ほかのどんな〜よりも」を表す。

(45) 訳 **A**：メアリー、桜を見に公園へ行きましょう。
B：ええ。カメラを持っていくわ。

解説 **4** see（原形）**2** saw（過去形）**3** sees（三人称単数現在形）**1** to see は、「見るために」と目的を表す。the cherry tree「桜の木」、take「〜を持っていく」。

(46) 訳 **A**：窓を開けましょうか？
B：はい、お願いします。

解説 shall は相手の意向や希望をたずねるときに使う。Shall I 〜？「〜しましょうか？」は Do you want me to〜？と同じ意味になる。Would you please 〜？「〜してくださいませんか？」は、丁寧な依頼のとき。Shall we 〜？「一緒に〜しませんか？」は Let's 〜 . と同じ意味。

(47) 訳 **A**：図書館の中でおしゃべりするのはやめてください。
B：ああ、すみません。

解説 stop 〜 ing「〜するのをやめる」。同じような表現には stop writing「書くのをやめる」などがある。動詞 stop があるので、その後ろに続く動詞に原形 talk は入らない。talking で「話すこと」という意味を表す。stop to talk とすると「話すために立ち止まる」の意味になり不適切。

短文の語句空所補充

次の（　）に入れるのに最も適切なものを **1**、**2**、**3**、**4** の中から一つずつ選びなさい。

(1) My father runs early (　　) the morning.
☐
1 on　　**2** in
3 by　　**4** at

(2) **A** : What is your favorite TV program?
☐ **B** : I like (　　). I watch it every day.
1 diary　　**2** dish
3 drum　　**4** drama

(3) When I came home, my brother was (　　) TV.
☐
1 watches　　**2** watching
3 watched　　**4** watch

(4) **A** : Do you know how to get to the library?
☐ **B** : No, I don't. Would you (　　) a map for me?
1 wear　　**2** learn
3 draw　　**4** attack

(5) **A** : Lucas, let's go swimming this afternoon.
☐ **B** : Sorry, I can't. I (　　) to do my homework.
1 take　　**2** go
3 have　　**4** make

(1) 訳 私の父は早朝に走ります。

ANSWER 2

解説 **1** on「～に」**2** in「～に」**3** by「～までに」**4** at「～に」。in the morning「午前中に」という表現。on は特定の曜日や日、by は期限、at は時の一点を表すときに使う。on Monday「月曜日に」、by 9 p.m.「午後9時までに」、at 7：30「7時半に」。

(2) 訳 A：お気に入りのテレビ番組は何ですか？
B：私はドラマが好きです。毎日見ています。

解説 **1** diary「日記」**2** dish「料理」**3** drum「太鼓」**4** drama「ドラマ」。TV「テレビ」から連想されるものを選ぶ。「番組」は program や show という。dish は「皿」のほか、この英文のように「料理」の意味もある。

(3) 訳 私が家に帰ったとき、兄（弟）はテレビを見ていました。

ANSWER 2

解説 **1** watches（三人称単数現在形）**2** watching（-ing形）**3** watched（過去形または過去分詞）とすべて watch「見る」の変化形。**4** watch（原形）。was があるので、過去進行形の **2** が適切。

(4) 訳 A：図書館への行き方を知っていますか？
B：いいえ、わかりません。地図を描いてくれませんか？

解説 **1** wear「着る」**2** learn「学ぶ」**3** draw「描く」**4** attack「攻撃する」。map「地図」があることから、道案内のために地図を描くと考える。Would you ～？「～してくれませんか？」。

(5) 訳 A：ルーカス、今日の午後は泳ぎに行こう。
B：ごめん、行けないよ。宿題をしなければならないんだ。

解説 **1** take「～を持っていく」**2** go「行く」**3** have「～を持っている」**4** make「～を作る」。have to ～「～しなければならない」、do one's homework「宿題をする」。

(6) A : How many (　　) a week do you practice the violin?
B : Twice a week.
1 members　　2 times
3 songs　　4 hours

(7) A : Mom, I was really (　　), because I worked hard.
B : OK. Dinner is ready.
1 glad　　2 cold
3 hungry　　4 dirty

(8) Yesterday, I had my birthday party. My family (　　) me a new watch.
1 cut　　2 stayed
3 visited　　4 gave

(9) A : When are you going to go to an airport?
B : Oh, (　　) in the morning.
1 later　　2 soon
3 fast　　4 early

(10) A : You must not (　　) your bag on the desk.
B : Sorry, Ms. Baker.
1 have　　2 put
3 tell　　4 spend

(11) A : How many (　　) do you have to write today?
B : Two. It's a hard work.
1 blackboards　　2 crayons
3 reports　　4 radios

(6) 訳 A：あなたは1週間に何回、バイオリンの練習をしますか？
B：週に2回です。

解説 **1** member「一員」**2** time「回」**3** song「歌」**4** hour「時間」それぞれの複数形。**B** が Twice a week.「週に2回」と答えているので、How many hours「何時間」でなく、How many times「何回」が適切。

(7) 訳 A：お母さん、とてもおなかがすいたよ、すごく働いたんだ。
B：わかりましたよ。夕食の用意はできてるわ。

解説 **1** glad「うれしく思う」**2** cold「冷たい」**3** hungry「空腹の」**4** dirty「汚れた」。really「本当に、とても」、work「働く」、hard「一生懸命に」。一生懸命働いたから、hungry か dirty だと推測できる。母親が「夕食の用意ができている」と答えていることから、hungry が適切だとわかる。

(8) 訳 昨日、私の誕生日パーティーがありました。家族は私に新しい腕時計をくれました。

解説 **1** cut「切る」**2** stay「滞在する」**3** visit「訪れる」**4** give「与える」それぞれの過去形。give + 人 + 物で「人に物をあげる」。give + 物 + to 人にも書き換えることができる。**【例】** He gave me a T-shirt. = He gave a T-shirt to me.「彼は私にTシャツをくれた」。

(9) 訳 A：あなたはいつ空港に行くつもりですか？
B：ええ、早朝です。

解説 **1** later「後で」**2** soon「まもなく」**3** fast「速く」は、I can run fast.「私は速く走れる」のように、スピードが速いことを表す。 early「早く」は時刻・時期的に普通より早く、という意味。

(10) 訳 A：机の上にかばんを置いてはいけません。
B：ごめんなさい、ベイカー先生。

解説 **1** have「持つ」**2** put「置く」**3** tell「話す」**4** spend「過ごす」。
must not + 動詞の原形「～してはならない」という禁止の意味になる。

(11) 訳 A：今日、書かなければならないレポートはいくつありますか？
B：二つです。きつい仕事だよ。

解説 **1** blackboard「黒板」**2** crayon「クレヨン」**3** report「レポート」**4** radio「ラジオ」それぞれの複数形。数をたずねる表現 How many + 複数名詞「いくつの～」と、you have to write「書かなければならない」から、reports だとわかる。

(12) He (　　) me a message last month. I felt happy to see it.

1 sent　　**2** ate
3 felt　　**4** came

(13) **A**: How many chairs are there in this room?
B: About a (　　).

1 big　　**2** thousand
3 gram　　**4** number

(14) **A**: Where will you go this winter vacation?
B: I'll (　　) to Finland. I want to watch the aurora there.

1 travel　　**2** shine
3 run　　**4** cook

(15) **A**: This dress is really cute. Can I (　　) it on?
B: Sure. Right this way, ma'am.

1 give　　**2** have
3 make　　**4** try

(16) He watched a movie last week. However, I don't want to know the (　　) of the movie because I will watch it tomorrow.

1 sightseeing　　**2** weather
3 health　　**4** information

(17) I don't like to take a train, so I live (　　) my school and walk there every day.

1 among　　**2** down
3 near　　**4** into

(12) 訳 **彼は先月、私にメッセージをくれました。私はそれを見て幸せでした。**

解説 **1** sentは「送る」send の、**2** ateは「食べる」eat の、**3** feltは「感じる」feel の、**4** cameは「来る」come の、それぞれ過去形。last month「先月」、I felt happy「幸せに思った」。He (　　) me a message「私にメッセージを（　　）」から、sent が適切だとわかる。

(13) 訳 **A：この部屋には椅子がいくつありますか？**
B：約1000脚です。

解説 **1** big「大きい」**2** thousand「1000」**3** gram「グラム」**4** number「数」。How many chairs ～「椅子がいくつ」とたずねられているので、数を答える。「2000」は two thousand、「3000」は three thousand と言い、thousands と複数形にしない。

(14) 訳 **A：今年の冬休みはどこへ行くの？**
B：フィンランドへ旅行するつもりよ。そこでオーロラを見たいの。

解説 **1** travel「旅行する」**2** shine「輝く」**3** run「走る」**4** cook「料理をする」。winter vacation「冬休み」、Finland「フィンランド」、aurora「オーロラ」、there「そこで」。**A** が「どこへ行くの？」とたずねていることから、フィンランドへ行くと推測できる。

(15) 訳 **A：このドレスは本当にかわいいわ。試着してもいいですか？**
B：どうぞ。こちらです、奥様。

解説 try「試してみる」より、try on「試着する」という意味。cute「かわいい」、Right this way「こちらです」、ma'am「奥様」。

(16) 訳 **彼は先週映画を見ました。しかし、私は明日それを見る予定なので、その映画の情報を知りたくありません。**

解説 **1** sightseeing「観光」**2** weather「天気」**3** health「健康」**4** information「情報」。これから見る予定なので、movie「映画」についての情報を得るという、**4** が適切。

(17) 訳 **私は電車に乗るのが好きではないので、学校の近くに住んで毎日そこまで歩いて行きます。**

解説 **1** among「～の間に」**2** down「～の下に」**3** near「～の近くに」**4** into「～の中に」。歩いて行ける距離なので、**3** が適切。among は三つ以上の物の間にある場合に使う。二つの物の間にある場合は between を使う。

(18) I'm a ( ) of the tennis club. I practice every day.
☐
1 room　**2** sister
3 song　**4** member

(19) **A**: Where do you get off the bus?
☐
B: At the ( ) bus stop.
1 very　**2** all
3 next　**4** early

(20) Table tennis is a ( ) sport in China. Many people play it.
☐
1 little　**2** popular
3 short　**4** warm

(21) **A**: Which do you want to eat for dinner, meat ( ) fish?
☐
B: I want to eat fish.
1 to　**2** or
3 so　**4** but

(22) I had ( ) hair when I was a child.
☐
1 late　**2** slow
3 short　**4** busy

(23) **A**: Excuse me. Do you have a blue T-shirt?
☐
B: Yes. What ( ) would you like? Large one or small one?
1 way　**2** hour
3 sound　**4** size

(18) 訳 ぼくはテニス部の一員です。毎日練習しています。 ANSWER 4

解説 **1** room「部屋」**2** sister「姉妹」**3** song「歌」**4** member「メンバー」。I belong to the tennis club. も同じ意味。belong to ～「～に所属する」。practice「練習する」。

(19) 訳 A：どこでバスを降りますか？ ANSWER 3

B：次のバス停で降ります。

解説 **1** very「とても」**2** all「すべての」**3** next「次の」**4** early「早い」。まず、bus stop にかかる言葉として適切なものを探す。Where ～？「どこで～？」とたずねられて、答えていることがポイント。get off「車（列車）を降りる」、bus stop「バス停」。

(20) 訳 卓球は中国で人気のスポーツです。多くの人がプレーします。 ANSWER 2

解説 **1** little「小さな」**2** popular「人気のある」**3** short「短い」**4** warm「暖かい」↔ cool「涼しい」。後の文から、たくさんの人がプレーするスポーツにふさわしいものを選ぶ。table tennis「卓球」、China「中国」。

(21) 訳 A：肉と魚、夕食にどちらを食べたいですか？ ANSWER 2

B：魚が食べたいです。

解説 A or B「AまたはB」という、選択肢を提示する表現。疑問詞 Which とあわせてよく用いられる。**【例】** Which is your umbrella, the blue one or the red one?「青いのと赤いの、どちらがあなたの傘ですか？」。

(22) 訳 私は子どものころ、髪が短かったです。 ANSWER 3

解説 **1** late「(時間が) 遅い」**2** slow「(動きが) 遅い」**3** short「短い」**4** busy「忙しい」。hair「髪」につながる形容詞を選ぶ。長さについて話していると考え、**3** を選ぶ。

(23) 訳 A：すみません。青いTシャツはありますか？ ANSWER 4

B：はい。どんなサイズがよろしいですか？ 大きいもの、それとも小さいものですか？

解説 **1** way「道」**2** hour「時間」**3** sound「音」**4** size「サイズ」。Large one「大きいもの」が続くので、サイズをたずねていると考える。よって **4** が適切。

(24) The ( ) was full of clouds, so we could not see the stars in the night.

1 land **2** boat
3 sky **4** ground

(25) **A**: What is your favorite subject at school?
B: Music. It's the ( ) interesting subject for me.

1 many **2** more
3 much **4** most

(26) **A**: Where are you going?
B: I'm going to go to that white ( ). It takes about five minutes to walk from here.

1 building **2** animal
3 musician **4** telescope

(27) **A**: Did you enjoy this movie?
B: No. The first ( ) of the movie was exciting, but the ending wasn't very good.

1 page **2** corner
3 part **4** top

(28) **A**: You're running too fast, Kate! Slow ( ), please.
B: OK. Sorry.

1 up **2** quick
3 fast **4** down

(29) The weather is very good today. There are no ( ) in the sky.

1 clouds **2** pools
3 rivers **4** lakes

(24) 訳 空は雲でいっぱいだったので、私たちは夜に星を見ることができませんでした。

ANSWER 3

解説 **1** land「陸」**2** boat「ボート」**3** sky「空」**4** ground「地面」。be full of ～「～でいっぱいの」という表現。cloud「雲」が続くので、**3** のことだとわかる。

(25) 訳 **A**：学校であなたが一番好きな教科は何ですか？
B：音楽です。それは私にとって最もおもしろい教科です。

ANSWER 4

解説 **1** many「多くの」**2** more「～よりもっと」**3** much「多くの」**4** most「最も」。interesting の比較級は more interesting、最上級は the most interesting。interesting の前に the があるので、最上級の most が適切。

(26) 訳 **A**：あなたはどこへ行くのですか？
B：ぼくはあの白い建物へ行きます。ここから歩いて５分くらいかかります。

解説 **1** building「建物」**2** animal「動物」**3** musician「音楽家」**4** telescope「望遠鏡」。Where ～？「どこ～？」とたずねているのがポイント。動詞 go「行く」をヒントに、人が行く場所を考える。選択肢の中で場所を表す単語はbuildingだけ。It takes ～ で「（時間が）かかる」。

(27) 訳 **A**：この映画はおもしろかったですか？
B：いいえ。最初の部分はわくわくしたけれど、最後はよくなかったわ。

解説 **1** page「ページ」**2** corner「曲がり角」**4** top「頂上」。**3** part of「～の部分」。exciting「わくわくさせる」、ending「終わり」。話題が映画なので、最初の部分を意味するthe first part of the movie が適切。

(28) 訳 **A**：走るのが速すぎるわ、ケイト！ お願い、ペースを落として。
B：わかったわ。ごめんなさい。

解説 too fast「速すぎる」から、「ペースを落として」とお願いしている。slow down「スピードを落とす」、speed up「スピードを上げる」を対で覚えよう。

(29) 訳 今日はとても天気がいいです。空には雲一つありません。

ANSWER 1

解説 **1** cloud「雲」**2** pool「プール」**3** river「川」**4** lake「湖」それぞれの複数形。後に続くin the sky「空には」から答えを推測する。There are no ～.「～が一つもない」＝ There are not any ～. で、There are not any clouds in the sky. としてもよい。weather「天気」。

(30) Yuki's school will have an English speech ( ) tomorrow. The winner will get a new camera.

1 contest **2** message
3 trip **4** match

(31) Hello. I'm Roy. I am from Australia. I want to become good friends ( ) everyone.

1 in **2** at
3 on **4** with

(32) **A**：This mountain is too high. I can't climb it.
B：Don't give ( )! You can do it.

1 at **2** from
3 up **4** down

(33) **A**：Excuse me. What time will this train ( ) at Yokohama Station?
B：At eight.

1 arrive **2** catch
3 put **4** work

(34) I go jogging after dinner every weekend. It is good ( ) me.

1 for **2** of
3 up **4** before

(35) **A**：Your hair is too long, so you have to go to the ( ).
B：OK, Mom. I will go tomorrow.

1 gym **2** restaurant
3 post office **4** barbershop

(30) 訳 ユキの学校では、明日英語のスピーチコンテストがあります。優勝者は新しいカメラがもらえます。

解説 **1** contest「コンテスト」**2** message「伝言」**3** trip「旅行」**4** match「試合」。an English speech contest「英語のスピーチコンテスト」、a musical contest「音楽コンクール」などの表現がある。match は a tennis match「テニスの試合」などで使用する。

(31) 訳 こんにちは。ぼくはロイといいます。オーストラリア出身です。皆さんと友だちになりたいと思っています。

解説 become friends with ～「～と友だちになる」。from「～出身の」、want to ～「～がしたい」、everyone「皆」。

(32) 訳 **A**：この山はぼくにとって高すぎる。登れないよ。
B：あきらめないで！　君ならできるよ。

解説 give up「あきらめる」。Don't ～ . は、否定の命令文「～しないで！」から、「あきらめないで！」という意味を表す。too high「高すぎる」、climb「登る」。

(33) 訳 **A**：すみません。この電車は何時に横浜駅に着きますか？
B：８時です。

解説 **1** arrive「着く」**2** catch「～を捕まえる」**3** put「～を置く」**4** work「働く」。arrive at ～「～に着く」。at はある地点や建物などの狭い場所のときに使う。

(34) 訳 私は毎週末、夕食の後にジョギングをしています。それは健康にいいです。

解説 good には「健康によい」という意味もある。good for your health「あなたの健康によい」という言い方もできる。

(35) 訳 **A**：あなたの髪は長すぎるから、理髪店に行かないといけないわね。
B：わかったよ、ママ。明日行くよ。

解説 **1** gym「体育館」**2** restaurant「レストラン」**3** post office「郵便局」**4** barbershop「理髪店」。too ～「～すぎる」。**【例】** This question is too easy for me.「この質問は、私には簡単すぎる」。

(36) Kim and Mary began a new life yesterday. They'll get more ( ) more happy.
1 and 2 or
3 but 4 so

(37) A : Is your new friend Canadian?
B : No. He comes ( ) Australia.
1 from 2 of
3 down 4 out

(38) A : How can I ( ) to your home?
B : You have to take the train.
1 work 2 have
3 get 4 help

(39) My sister is going to move to America this June. So she went to ( ) goodbye to Lisa yesterday.
1 talk 2 speak
3 say 4 tell

(40) A : Will you take a ( ) of me?
B : Sure. I'll take a good one.
1 book 2 flower
3 movie 4 picture

(41) A : Where is Tom?
B : I ( ) no idea. Let's ask our teacher.
1 take 2 find
3 have 4 put

(36) 訳 キムとメアリーは昨日から新しい生活を始めました。彼らはますます幸せになるでしょう。

解説 more and more「ますます」。The story became more and more interesting.（その話はますますおもしろくなった）のように使う。new「新しい」、life「生活」、happy「幸せな」。

(37) 訳 **A**：あなたの新しい友だちはカナダ人ですか？
B：いいえ。彼はオーストラリア出身です。

解説 Canadian「カナダ人」。come from ～「～出身」という表現。be from ～としてもよい。**【例】** I am from England.「私はイングランド出身です」。

(38) 訳 **A**：あなたの家にはどうやったら行けますか？
B：電車に乗らなければいけません。

解説 **1** work「働く」**2** have「持っている」**3** get「着く」**4** help「手伝う」。get to ～で「～に着く」という表現。疑問詞 How「どのように」があるので、行き方をたずねているとわかる。

(39) 訳 私の姉（妹）は6月にアメリカに引っ越します。だから彼女は昨日リサにさようならを言いに行きました。

解説 選択肢はすべて「話す」の意味だが、say goodbye「さようならを言う」という慣用表現。move「移動する」、June「6月」。

(40) 訳 **A**：私を撮ってもらえませんか？
B：いいですよ。いい写真を撮りますよ。

解説 **1** book「本」**2** flower「花」**3** movie「映画」**4** picture「絵、写真」。take a picture「写真を撮る」。**B** の one はくり返しを避けるための語、この場合 one = picture。

(41) 訳 **A**：トムはどこにいますか？
B：私にはわかりません。先生に聞いてみましょう。

ANSWER 3

解説 I have no idea.「わからない」という慣用表現。同じ意味の文に I don't know. がある。**1** take「持っていく」**2** find「見つける」**4** put「置く」は意味が合わないので不適切。

(42) Nancy is a popular ( ) in the world.
☐ I bought her postcards at the museum last Thursday.

1 violinist **2** artist
3 doctor **4** librarian

(43) We are going to ( ) a pizza party for my birthday.
☐

1 have **2** has
3 had **4** having

(44) My aunt came to my house ( ) her dog.
☐

1 in **2** on
3 with **4** from

(45) **A**: There are many cars. Be ( ) when you cross this street.
☐ **B**: OK, Mom. I will.

1 careful **2** different
3 simple **4** popular

(46) **A**: Did you buy a new CD yesterday?
☐ **B**: No. The CD store ( ) at eight. I'll go today.

1 closed **2** sang
3 joined **4** needed

(47) **A**: Welcome home, Mac. Wash your hands ( ) lunch.
☐ **B**: OK, Mom.

1 at **2** of
3 before **4** and

(42) 訳 ナンシーは世界で人気の芸術家です。私は先週の木曜日に彼女の絵はがきを博物館で買いました。 ANSWER 2

解説 **1** violinist「バイオリン奏者」**2** artist「芸術家」**3** doctor「医者」**4** librarian「司書」。museum「博物館」で彼女の絵はがきを買ったことから、選択肢から適する職業を選ぶ。popular「人気のある」、last Thursday「先週の木曜日」。

(43) 訳 私たちは私の誕生日にピザパーティーをするつもりだ。 ANSWER 1

解説 be going to ～「～するつもり」は、未来のことをいうときに使う表現。to の後は動詞の原形が入る。has は三人称単数で、主語が she や he のときに使う。had は過去形。having は現在分詞。

(44) 訳 おばが犬を連れて私の家へ来ました。 ANSWER 3

解説 **1** in「～の中に」**2** on「～の上に」**3** with「～と一緒に」**4** from「～から」。with ～ には「～を身につけて」や「～(道具、手段)で」の意味もある。aunt「おば」↔ uncle「おじ」。

(45) 訳 **A**:車が多いわ。この通りを渡るときは注意しなさい。 ANSWER 1
B:うん、ママ。そうするよ。

解説 **1** careful「注意深い」**2** different「違った」**3** simple「単純な」**4** popular「人気のある」。be動詞の命令文を完成させる問題。車が多いと注意を呼びかけているので、be careful「注意しなさい」が適切。

(46) 訳 **A**:昨日新しいCDは買ったの? ANSWER 1
B:いいえ。CDショップが8時に閉まったの。今日行くわ。

解説 **1** close「閉まる」**2** sing「歌う」**3** join「つながる」**4** need「必要とする」それぞれの過去形。CDを買えなかった理由を述べている。今日行くと言っているので、昨日は閉店していたと考える。

(47) 訳 **A**:おかえりなさい、マック。昼食の前に手を洗いなさいよ。 ANSWER 3
B:はい、お母さん。

解説 Welcome home「おかえりなさい」は、帰省や帰宅のときに使う表現。before lunch「昼食前」。動詞の原形で始まる Wash your hands は「手を洗いなさい」という命令文。

頻出度 C

短文の語句空所補充

次の（　）に入れるのに最も適切なものを 1、2、3、4 の中から一つずつ選びなさい。

(1) Please walk (　). It's raining today.
1 slowly　**2** freely
3 coldly　**4** busily

(2) I want to go to Italy and stay in a small (　) in front of the sea.
1 size　**2** end
3 village　**4** sound

(3) My sister bought a big poster of her favorite singer and put it on the (　) in her bedroom.
1 face　**2** wall
3 time　**4** cloud

(4) **A**: Which (　) does your father often go to?
B: He often goes to China.
1 country　**2** teacher
3 computer　**4** America

(5) We played the game for about two (　) and a half.
1 hours　**2** times
3 days　**4** millions

(1) 訳 ゆっくり歩いてください。今日は雨が降っています。 ANSWER 1

解説 **1** slowly「ゆっくりと」**2** freely「自由に」**3** coldly「冷たく」**4** busily「忙しく」。walk「歩く」に続く副詞を選ぶ問題。雨が降っていると注意していることから、スピードの話だと考える。**1** が適切。

(2) 訳 私はイタリアに行き、海に面した小さな村に滞在したいです。 ANSWER 3

解説 **1** size「サイズ」**2** end「終わり」**3** village「村」**4** sound「音」。場所を示す前置詞 in「～の中に」があるので、**3** を選ぶのが適切。in front of ～「～の前に」。

(3) 訳 私の姉（妹）はお気に入りの歌手の大きなポスターを買い、それを寝室の壁に貼りました。 ANSWER 2

解説 **1** face「顔」**2** wall「壁」**3** time「時間」**4** cloud「雲」。poster「ポスター」を貼る場所を考える。on the wall で「壁に」という意味。

(4) 訳 **A**：あなたのお父さんはどの国によく行きますか？
B：彼は中国によく行きます。 ANSWER 1

解説 **1** country「国」**2** teacher「先生」**3** computer「コンピューター」**4** America「アメリカ」。**B** の China「中国」から答えを推測しよう。sometimes「時どき」→ often「しばしば」→ usually「たいてい」→ always「いつも」の順で、回数（頻度）が増える。

(5) 訳 私たちはおよそ2時間半ゲームをしました。 ANSWER 1

解説 **1** hour「時間」**2** time「回」**3** day「日」**4** million「百万」それぞれの複数形。ゲームをした、にふさわしいものを選ぶ。**【類】** hundred「百」、thousand「千」。

(6) ☐ Jimmy went to bed very ( ) last night. He looks sleepy today.

1 late **2** much
3 ago **4** interesting

(7) ☐ **A**：Mom, my science homework is too ( ). Can you help me?
B：Sure, Olivia.

1 perfect **2** useful
3 difficult **4** dark

(8) ☐ Look at the ( ) map. It will be rainy tomorrow.

1 river **2** weather
3 trip **4** station

(9) ☐ Yuri and Mike smiled at each ( ).

1 own **2** next
3 other **4** both

(10) ☐ I can talk ( ) that book. Because I have read that book many times.

1 after **2** about
3 as **4** by

(11) ☐ **A**：Excuse me. You ( ) gloves.
B：Oh, thank you!

1 brushed **2** learned
3 checked **4** dropped

(6) 訳 ジミーはゆうべ寝るのがとても遅かった。今日は眠そうです。

ANSWER 1

解説 **1** late「遅い」**2** much「たくさん」**3** ago「～前」**4** interesting「おもしろい」。look sleepy「眠そうに見える」とあるので、go to bed late「遅く寝る」となる。last night「ゆうべ」。【類】tomorrow night「明日の晩」、yesterday morning「昨日の朝」。

(7) 訳 A：お母さん、理科の宿題があまりにも難しいわ。手伝ってくれる？
B：いいわよ、オリビア。

解説 **1** perfect「完全な」**2** useful「役に立つ」**3** difficult「難しい」**4** dark「暗い」。too ～「あまりに～すぎる」。too difficult「あまりに難しすぎる」、too late「あまりに遅すぎる」などと使う。

(8) 訳 天気図をご覧ください。明日は雨が降るでしょう。

ANSWER 2

解説 **1** river「川」**2** weather「天気」**3** trip「旅行」**4** station「駅」。2文目の明日は雨が降る、から考えよう。なお weather は一時的な天候を表し、climate はその地域の平均的な気候を表す。

(9) 訳 ユリとマイクはお互いにほほえんだ。

解説 **1** own「自分自身の」**2** next「となりの」**3** other「別の」**4** both「両方の」。each other で「お互い」という意味を表す。

(10) 訳 その本については話せるよ。何度も読んだからね。

解説 **1** after「～の後に」**2** about「～について」**3** as「～として」**4** by「～のそばに」。talk about「～について話す」。何度も読んだ（I have read that book many times.）と言っていることから推測しよう。

(11) 訳 A：失礼ですが、手袋を落としましたよ。
B：あら、ありがとうございます！

解説 **1** brush「～にブラシをかける」**2** learn「～を学ぶ」**3** check「～を調べる」**4** drop「～を落とす」それぞれの過去形。drop gloves「手袋を落とす」が適切。Excuse me. は知らない人に話しかけるときにも用いる。

(12) A : How do you get to the station?
B : I usually (　　) my bike.
1 play　　2 carry
3 arrive　　4 ride

(13) I want to live in this town. (　　) are a lot of parks and shops.
1 They　　2 Those
3 There　　4 Their

(14) He (　　) for his mother alone at home.
1 wore　　2 waited
3 walked　　4 bought

(15) My (　　) sport is basketball. I play it in the gym every day.
1 kind　　2 strange
3 favorite　　4 long

(16) A : She invited me to the party. How do I get to her home, Ken?
B : It's difficult, so I'll draw a (　　) for you.
1 picture　　2 map
3 letter　　4 line

(17) A : (　　) movie did you watch last weekend?
B : I watched "Toy Story" with my little sister.
1 Which　　2 Who
3 When　　4 Where

(12) 訳 **A：駅へはどのようにして行くの？**
B：たいてい自転車で行くよ。

解説 **1** play「する」**2** carry「運ぶ」**3** arrive「到着する」**4** ride「乗る」。How ～？「どのようにして～？」とたずねられているので手段を答える。ride a bike「自転車に乗る」。

(13) 訳 **私はこの町に住みたいです。たくさんの公園とお店があります。**

解説 there are ～「～がある」という表現。公園やお店がたくさんあるから、住みたいのだと考える。**4** their は後ろに名詞が必要なので、不適切。

(14) 訳 **彼は家で一人、母親を待っていました。**

解説 **1** wear「着る」**2** wait「待つ」**3** walk「歩く」**4** buy「買う」それぞれの過去形。wait for ～で「～を待つ」、alone「一人で」。

(15) 訳 **私の一番好きなスポーツはバスケットボールです。私は毎日、体育館でしています。**

解説 **1** kind「親切な」**2** strange「変な」**3** favorite「一番好きな」**4** long「長い」。my favorite sport「私の一番好きなスポーツ」。2文目の it は basketball をさす。

(16) 訳 **A：彼女にパーティーの招待をされているの。どのようにして彼女の家に行くの、ケン？**
B：難しいなあ、それじゃぼくが地図を描いてあげるよ。

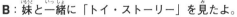

解説 **1** picture「写真」**2** map「地図」**3** letter「手紙」**4** line「線」。地図を描くときは動詞 write ではなくdraw を使う。線を引くときは draw a line だが、意味が合わない。invite「招待する」、difficult「難しい」。

(17) 訳 **A：先週末はどの映画を見たの？**
B：妹と一緒に「トイ・ストーリー」を見たよ。

解説 1文目は先週末に見た（you watch last weekend）映画についてたずねている。Which ～？は、「どの～か」をたずねる疑問詞なので、**1** が正解。**2** Who は人についてたずねる、**3** When は時をたずねる、**4** Where は場所をたずねる疑問詞。

単語を軸にした覚えておきたい熟語

come

He **comes from** Tokyo.	彼は東京の出身です。
She **came home** at 6:00 p.m. yesterday.	彼女は昨日、午後6時に帰宅した。
May I **come in**?	入ってもいいですか？

get

He will **get on** the train at Tokyo station.	彼は東京駅で電車に乗る予定だ。
We **got to** Osaka at 10:00 p.m.	私たちは午後10時に大阪に着いた。

go

He will **go back to** his seat, soon.	彼はすぐに自分の席に戻るだろう。
She **goes down** to the second floor by elevator.	彼女はエレベーターで2階へ降りる。
He **went out of** the office.	彼は事務所から出ていった。
We **went shopping** in Ginza.	私たちは銀座に買い物に行った。

have

My brother **has a cold.**	私の弟（兄）はかぜをひいている。
I have **a good idea.**	私にはいい考えがある。
Have a good time.	いい時間をお過ごしください。
Please **have a seat.**	どうぞおかけください。

look

He **looks like** his mother.	彼は彼の母親に似ている。
She **looks sad.**	彼女は悲しそうだ。
I am **looking for** this restaurant.	私はこのレストランを探している。

take

We **took a picture** with our teacher.	私たちは先生と写真を撮った。
He **takes a shower** every morning.	彼は毎朝シャワーを浴びる。
The plane will **take off** at 7:00 a.m.	飛行機は午前7時に離陸する予定だ。

第2章

会話文の文空所補充

4th Grade

会話文の文空所補充

会話文の（　）に入る適切な表現を選ぶ問題で、5問出題されます。「質問に対する答え」「働きかけに対する答え」を選ぶなど、相手が言ったことに、どう返事をするか、会話の流れがポイントです。

Point 1 疑問文の始まりの言葉に注意

❶ 疑問詞に注目する

疑問詞によって、何について聞いているかがわかります。特に以下の疑問詞を覚えておきましょう。

▶What … 何
▶Whose … 誰の
▶Where … どこ
▶Which … どちら
▶Who … 誰
▶When … いつ
▶Why … なぜ
▶How … どう（方法、状態）
どれほど（年齢、数量、値段）

例題 Girl：Hi, Mike. How's your sister doing in London?
Boy：（　　）

1 She was a pianist.　**2** She's fine, thank you.
3 It is cloudy.　**4** I'm glad to see you.

正解 2

訳 女の子：やあ、マイク。お姉（妹）さんはロンドンでいかがお過ごしですか？
男の子：元気です、ありがとう。

Howは「どう、どれほど」の意味。姉（妹）の状態をたずねる質問。**1** は「姉（妹）はピアニストでした」、**3** は「曇りです」、**4** は「私はあなたに会えてうれしい」。疑問詞の意味を知って、何をたずねているのかをつかみましょう。

❷ be動詞／助動詞

疑問文の始まりが are、is、was、were などのbe動詞か、do、does、didの助動詞か、can、may、must、will などの助動詞かによって、答え方が変わります。基本的に、出だしの単語を使って答えます。

例 Do you like tennis? ➡ Yes, I do.

Are you OK? ➡ Yes, I am.

Point 2 会話の決まり文句を覚えておこう

会話の流れの中で、この表現にはこの表現で答える、という決まり文句を覚えておくことがポイントです。

❶ 謝る　I'm sorry.「ごめんなさい」
➡ That's all right.「大丈夫だよ」

❷ お礼　Thank you.「ありがとう」
➡ You're welcome.「どういたしまして」

❸ 依頼する　Can you ～？「～してくれますか？」
➡ Sure./Sorry, I can't.「いいですよ/できません」

❹ 許可を求める May I ～？「～してもいい？」
➡ Yes, please./No, you must not.「いいですよ/だめです」

例題 Girl：May I use your dictionary?

Boy：(　　)

1 Sorry, I'm using it now.　2 It's not yours.
3 Yes, I have.　4 I can't read it, either.

正解 1

訳 女の子：あなたの辞書を使ってもいいですか？
男の子：ごめんなさい、今ぼくがそれを使っています。

最後に「？」が付いているからといって、質問しているとは限りません。これは許可を求める文です。最も自然な答えは「いいですよ」なら “Sure.” “Certainly.” “OK.”。「だめです」は “Sorry.” となります。

会話文の文空所補充

次の（　）に入れるのに最も適切なものを **1**、**2**、**3**、**4** の中から一つずつ選びなさい。

(1) ☐ **Mother**：How long are you going to watch the video?
Son：(　　)
1 For about two hours.　**2** You're welcome.
3 No, thank you.　**4** Yes, I am.

(2) ☐ **Boy**：What time will you come to the library?
Girl：(　　)
1 OK.　**2** Around three o'clock.
3 See you.　**4** Good luck.

(3) ☐ **Girl**：When did your sister go to the concert?
Boy：(　　) She enjoyed it.
1 Have a good time.　**2** All right.
3 Last Saturday.　**4** Let's go with me.

(4) ☐ **Father**：Jim, did you have a test today?
Son：(　　) It was very difficult.
1 Yes, I am.　**2** I'm sorry.
3 No, I didn't.　**4** Yes, I did.

(5) ☐ **Girl**：(　　)
Boy：Sure. Here you are.
1 Can I go to the library?　**2** Do you play soccer?
3 May I use your dictionary?　**4** Will you teach me math?

(1) 訳 **母親**：どのくらい、ビデオを見るつもりなの？
息子：約2時間だよ。

解説 **1** 約2時間だよ。**2** どういたしまして。**3** いいえ、けっこうです。**4** はい、そうです。How long ～？は期間をたずねる表現。答えには for ～をよく使う。about「約、だいたい」。

(2) 訳 **男の子**：君は何時に図書館に来るの？
女の子：3時ごろよ。

解説 **1** いいよ。**2** 3時ごろよ。**3** またね。**4** 幸運を祈ります。What time ～？は時間をたずねる表現。答えには、はっきりした時間がわかる場合は at を使い、だいたいの時間しかわからない場合は、about か around を使う。

(3) 訳 **女の子**：あなたの姉(妹)は、コンサートにいつ行ったのですか？
男の子：先週の土曜日です。彼女はそれを楽しんでいました。

解説 **1** 楽しい時間をお過ごしください。**2** いいですよ。**3** 先週の土曜日です。**4** 私と一緒に行きましょう。When ～？はいつかをたずねる表現。答えには、時を表す言葉を選ぶ。enjoy「楽しむ」。Have a nice trip.「旅行をお楽しみください＝よいご旅行を」のように、enjoy の代わりに have を使うこともある。

(4) 訳 **父親**：ジム、今日テストがあったのかい？
息子：そうなんだ。とても難しかったよ。

解説 **1** はい、私はそうです。**2** ごめんなさい。**3** いいえ、私はしませんでした。**4** はい、ありました。Did でたずねられたら、did で答えるのが原則。続く文が「テストがとても難しかった」という意味なので、テストがあったと考える。

(5) 訳 **女の子**：あなたの辞書を使ってもいいですか？
男の子：もちろんいいですよ。はいどうぞ。

ANSWER 3

解説 **1** 図書館へ行ってもいいですか？ **2** あなたはサッカーをしますか？ **3** あなたの辞書を使ってもいいですか？ **4** 私に数学を教えてくれませんか？ 答えから、問いを推測する。続く文で、Here you are.「はいどうぞ」と差し出していることもポイント。許可を求める疑問文は、Can I ～？／ May I ～？がよく使われる。

(6) ☐ **Man**：Thank you for calling.
Woman：(　　)

1 I think so. **2** You're welcome.
3 I love it. **4** You did it.

(7) ☐ **Teacher**：What kind of food do you like the best?
Student：(　　)

1 I like red. **2** Chinese food.
3 No, I don't eat. **4** OK, Ms. Young.

(8) ☐ **Girl**：(　　)
Salesclerk：1000 yen.

1 How high is Mt. Fuji? **2** How many sisters do you have?
3 How much are these gloves? **4** How do you go to school?

(9) ☐ **Girl A**：How was the new restaurant?
Girl B：(　　)
Girl A：I will go next weekend, too.

1 I'm sorry. **2** Fine, thanks.
3 I like Italian food. **4** It was nice.

(10) ☐ **Woman**：Which do you like better, tea or coffee?
Man：(　　)

1 Yes, please. **2** With sugar.
3 I like tea better. **4** It's too hot.

(6) 訳 **男性**：電話をありがとう。
女性：どういたしまして。

ANSWER 2

解説 **1** 私もそう思います。 **2** どういたしまして。 **3** 私はそれが大好きです。**4** あなたがそれをしました。Thank you for ～ ing.「～をありがとう」の返答として適切なものを選ぶ。

(7) 訳 **先生**：あなたはどんな食べ物が一番好きですか。
生徒：中華料理です。

解説 **1** 私は赤が好きです。**2** 中華料理です。**3** いいえ、私は食べません。**4** ヤング先生、オーケーです。What kind of ～？は、いろいろなものの種類をたずねるときによく使う。**【例】** What kind of sports do you like?「あなたはどのスポーツが好きですか？」。

(8) 訳 **女の子**：この手袋はいくらですか？
店員：1000円です。

ANSWER 3

解説 **1** 富士山の高さはどのくらいですか？ **2** あなたは何人の姉妹がいますか？ **3** この手袋はいくらですか？ **4** あなたはどうやって学校に行きますか（通学の方法をたずねる）？　対応する答えが値段を告げているので、How much ～？「いくら？」を選ぶ。

(9) 訳 **女の子A**：新しいレストランは、どうだった？
女の子B：おいしかったわよ。
女の子A：私も今度の週末に行く予定よ。

ANSWER 4

解説 **1** ごめんなさい。**2** 元気よ、ありがとう。**3** 私はイタリア料理が好きです。**4** おいしかったわよ。How was ～？で「～はどうだった？」。

(10) 訳 **女性**：あなたは、紅茶とコーヒーどちらがお好きですか？
男性：ぼくは紅茶が好きです。

ANSWER 3

解説 **1** はい、お願いします。**2** 砂糖も入れてね。**3** ぼくは紅茶が好きです。**4** 熱すぎます。Which do you like better, A or B?「AとBではどちらが好きですか？」の意味。

会話文の文空所補充

次の（　）に入れるのに最も適切なものを **1**、**2**、**3**、**4** の中から一つずつ選びなさい。

(1) **Girl**：What do you usually do after school?
Boy：(　　)

1 I play soccer.　　**2** I don't like soccer.
3 I'm a soccer player.　　**4** You, too.

(2) **Man**：How do you like this town, Suzy?
Woman：(　　)

1 I love it.　　**2** Come to my town.
3 Certainly.　　**4** All right.

(3) **Teacher**：You look pale. What's wrong?
Student：(　　)
Teacher：That's too bad.

1 I don't feel well.　　**2** No, thank you.
3 You're welcome.　　**4** I know the doctor.

(4) **Boy**：How are your parents?
Girl：(　　)

1 I'm sick.　　**2** Fine, thanks.
3 By bus.　　**4** I hope so.

(5) **Man**：Could you tell me the way to the nearest station?
Woman：(　　)

1 Next, please.　　**2** Sure.
3 Here you are.　　**4** Go ahead.

(1) 訳 **女の子**：あなたは放課後たいてい何をしますか？
男の子：ぼくはサッカーをします。

ANSWER 1

解説 **1** ぼくはサッカーをします。**2** ぼくはサッカーが好きではありません。**3** ぼくはサッカーの選手です。**4** あなたもです。what で問われているので、何をするかを答える。after school「放課後」。

(2) 訳 **男性**：スージー、この町は気に入りましたか？
女性：大好きです。

解説 **1** 大好きです。**2** 私の町に来てください。**3** たしかに。**4** 大丈夫です。質問文を直訳すると「この町がどのくらい好きか？」となる。I like it very much. がよく使われるが、like より love の方が好きという意味が強い。**【例】** I love dancing.「私は踊りが大好きなの」。

(3) 訳 **先生**：顔色が悪いわよ。どうしたの？
生徒：気分が悪いんです。
先生：それはお気の毒に。

解説 **1** 気分が悪いんです。**2** いいえ、けっこうです。**3** どういたしまして。**4** 私はその医者を知っている。後に先生が、それはよくないわね（That's too bad.）と言っていることから推測しよう。look pale「顔色が悪く見える」**【類】** feel sick「気分が悪い」、sick ↔ fine ／ well「元気な、健康な」。

(4) 訳 **男の子**：ご両親はお元気ですか。
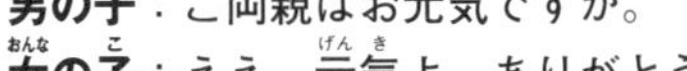
女の子：ええ、元気よ。ありがとう。

解説 **1** 私は病気です。**2** ええ、元気よ。ありがとう。**3** バスで。**4** そうだといいですね。parent「親」は father「父」もしくは mother「母」のこと。parents と複数形になれば両親。両親のことをたずねているので、**1** ではない。

(5) 訳 **男性**：一番近い駅への道を教えていただけませんか？
女性：いいですよ。

解説 **1** 次の方、どうぞ。**2** いいですよ。**3** はいどうぞ。**4** お先にどうぞ。Could you tell me the way? で道をたずねている。答え方には Sure. のほか、Certainly.「かしこまりました」もある。

(6) ☐ **Man**：I like summer. How about you?
Woman：(　　)
1 Pardon? **2** Me, too.
3 How are you? **4** Do you swim?

(7) ☐ **Father**：Jane, are you ready to go out?
Daughter：(　　)
1 Just a moment. **2** With my friend.
3 At ten. **4** On Sunday morning.

(8) ☐ **Woman**：What are you going to do during the winter vacation?
Boy：(　　)
1 I had to study. **2** I did much homework.
3 I like skiing. **4** I'm going to the USA.

(9) ☐ **Father**：Let's have a tea party.
Mother：(　　) I'll make nice cookies.
1 That's a good idea. **2** Happy birthday.
3 Let's go. **4** Me, too.

(10) ☐ **Girl**：May I speak to Mary?
Mary's mother：I'm sorry she's out. (　　)
1 See you later. **2** Can I take a message?
3 Hold on, please. **4** Sorry, you have the wrong number.

(6) 訳 **男性**：ぼくは夏が好きです。あなたはいかがですか？
女性：私もです。

解説 **1** もう一度言ってくれませんか？ **2** 私もです。**3** ごきげんいかがですか？ **4** あなたは泳ぎますか？ How about you?「あなたはいかがですか？」と相手の考えをたずねている。最初の文が否定文のときは、答えも Me, neither. とし、too は使わない。

(7) 訳 **父親**：ジェーン、出かける準備はできたのかい？
娘：ちょっと待ってね。

解説 **1** ちょっと待ってね。**2** 私の友だちも一緒です。**3** 10時に。**4** 日曜日の朝に。「ちょっと待って」と依頼する答え方で、Just a second. とも言う。

(8) 訳 **女性**：あなたは冬休みに何をする予定ですか？
男の子：ぼくはアメリカへ行く予定です。

解説 **1** ぼくは勉強しなければなりませんでした。**2** ぼくはたくさんの宿題をしました。**3** ぼくはスキーが好きです。**4** ぼくはアメリカへ行く予定です。be going to + 動詞の原形で「〜するつもり」と未来を表す。ただし、**4** のように「どこかへ行くつもり」と言うときは、後の go は省略することもある。during「(あることが継続している) 間に」【類】for「(不特定な) 期間に」。

(9) 訳 **父親**：ティーパーティーをしよう。
母親：いい考えね。私はおいしいクッキーを作るわね。

解説 **1** いい考えね。**2** お誕生日おめでとう。**3** 行きましょうよ。**4** 私もです。Let's 〜.「〜しよう」と誘われたら、Yes, let's.（同意できる場合）／ No, let's not.（同意できない場合）で答えることもある。Let's 〜 = Shall we 〜？

(10) 訳 **女の子**：メアリーをお願いできますか？
メアリーの母親：ごめんなさい、彼女は外出中なの。伝言をお聞きしましょうか？

解説 **1** 後で会いましょう。**2** 伝言をお聞きしましょうか？ **3** ちょっとお待ちください。**4** お気の毒ですが、番号をお間違えのようですよ。電話での会話。選択肢の表現は、決まり文句として覚えておこう。

シチュエーション別の表現集

体調をたずねる

What's wrong?	どうしましたか？
Are you all right?	大丈夫ですか？
I feel sick.	気分がよくありません。
I caught a cold.	かぜをひきました。
I have a fever.	熱があります。
Take care.	おだいじに。

道をたずねる

I'm lost.	道に迷いました。
Where is the nearest station?	最寄り駅はどこですか？
Could you tell me the way to the post office?	郵便局までの道を教えていただけませんか？
Turn left at the second corner and you'll find it.	2番目の角を左に曲がれば見えます。

買い物

May I help you?	いらっしゃいませ。
I'm looking for a jacket.	ジャケットを探しています。
May I try it on?	試着してもいいですか？

食事

Would you like something to drink?	何か飲み物はいかがですか？
Will you pass me the salt, please?	塩を取っていただけませんか？
How about another cup of tea?	お茶をもう1杯いかがですか？

挨拶

See you later.	じゃあ、またね。
Have a nice day.	よい一日を。
I'm glad to meet you.	お会いできてうれしいです。
Let me introduce myself.	自己紹介をします。
Please call me Bob.	ボブと呼んでください。

電話

Hello. This is Tom.	もしもし、こちらはトムです。
May I speak to Nancy?	ナンシーをお願いできますか？
Who's calling?	どちらさまですか？
You have the wrong number.	おかけ間違いです。

天気

How's the weather?	天気はどうですか？
It's nice and warm today.	今日はいい天気で暖かいです。
It's windy.	風が強いです。

第3章

日本文付き短文の語句整序

4th Grade

対策ポイント

日本文付き短文の語句整序

日本文の意味になるように、選択肢の五つの語句を並べかえ、その2番目と4番目にくる組み合わせを選ぶ問題です。5問出題されます。

Point 1 代表的な表現を覚えておこう

❶ Can、Will、Mayを用いた疑問文

Can I read that magazine?　「その雑誌を読んでいいですか？」
Will you tell me the time?　「時間を教えていただけますか？」
May I use your dictionary?　「あなたの辞書を使っていいですか？」

❷ Howで始まる疑問文

How old are you?　「何歳ですか？」
How long are you going to stay there?
「どのくらいの期間、そこに滞在する予定ですか？」

❸ to 不定詞

I have no time to write to you.「あなたに手紙を書く時間がありません。」
We bought many goods to use at the party.
「私たちはパーティーで使うたくさんの商品を買いました。」

❹ 比較の問題

She likes cats better than dogs.「彼女は犬より猫の方が好きです。」
She likes spring the best of the four seasons.
「彼女は四季の中で春が一番好きです。」

❺ 接続詞 when（～するとき）を使った表現

I always sing a song when I am happy.
「うれしいときはいつも歌を歌います。」

例題 図書館へ行く道を教えてくれませんか？

(① can ② me ③ you ④ the ⑤ tell) way to the library?

1 ①—② **2** ③—② **3** ③—① **4** ④—②

正解 **2**

完成文 Can you tell me the way to the library?

まず日本文を見ます。すると、依頼の文だとわかります。そこで「～してください」の決まり文句である Can you ～？ を使います。「教える」意味に当てはまる tell は目的語を二つ取り、tell ＋ 人 ＋ もの の語順になります。このような基本的な日常会話は、例文をそのまま覚えてしまいましょう。

Point 2 日本語の語順や表現で考えない

❶ ものが主語になる

例えば、「1週間には7日あります」の文は、次の3通りに英訳できます。

▶There are seven days in a week.

▶A week has seven days.

▶We have seven days in a week.

このように、日本語では考えにくい、There や We が主語になることもあります。

❷ 訳さない「it」

「今、何時ですか？」を英訳すると、What time is it now? となります。この it は「それは」とは訳しません。同じく、It is getting cooler and cooler.「だんだん涼しくなっていますね」の It も訳しません。このように時間、天候、日付、曜日、距離、明暗などを表す it は訳さないのが英語の約束です。

このような、英語独特の表現も覚えておきましょう。

例題 ここからおおよそ50キロメートルです。

(① kilometers ② fifty ③ about ④ is ⑤ it) from here.

1 ①—③ **2** ②—④ **3** ④—② **4** ③—①

正解 **3**

完成文 It is about fifty kilometers from here.

日本文付き短文の語句整序

次の日本文の意味を表すように①から⑤までを並べかえて［　　］の中に入れなさい。そして、２番目と４番目にくるものの最も適切な組み合わせを**1**、**2**、**3**、**4**の中から一つ選びなさい。ただし、(　　)の中では、文のはじめにくる語も小文字になっています。

(1) あなたは今、お皿を洗わなくてもいいです。

(① have　② don't　③ to　④ the　⑤ wash)

You ［　］［2番目］［　］［4番目］［　］ dishes now.

1 ②—③　**2** ②—④　**3** ①—⑤　**4** ④—⑤

(2) あなたは明日あの店で何を買うつもりですか？

(① going　② to　③ are　④ buy　⑤ you)

What ［　］［2番目］［　］［4番目］［　］ at that store tomorrow?

1 ③—①　**2** ⑤—②　**3** ⑤—①　**4** ③—②

(3) 私はたいへん忙しいので、あなたを手伝うことができません。

(① am　② busy　③ I　④ very　⑤ because)

I can't help you ［　］［2番目］［　］［4番目］［　］.

1 ③—⑤　**2** ①—②　**3** ②—⑤　**4** ③—④

(4) あなたの新しい住所を教えてください。

(① give　② new　③ me　④ your　⑤ please)

［　］［2番目］［　］［4番目］［　］ address.

1 ③—②　**2** ①—④　**3** ①—③　**4** ⑤—④

(5) 映画館では静かにしなければいけません。

(① must　② you　③ quiet　④ in　⑤ be)

［　］［2番目］［　］［4番目］［　］ the movie theater.

1 ④—③　**2** ②—⑤　**3** ①—③　**4** ①—⑤

(1) 完成文 You don't have to wash the dishes now.

ANSWER 3

解説 have to ～「～しなければならない」の否定、don't have to ～「～しなくてもよい」。to の後は必ず動詞の原形がくるため、wash「洗う」につなげる。【類】don't need to ～「～する必要はない」。

(2) 完成文 What are you going to buy at that store tomorrow?

ANSWER 2

解説 be going to ～は未来形で「～するつもり」を表す。you are going to の疑問文なので、are you going to の順になる。buy「買う」。

(3) 完成文 I can't help you because I am very busy.

ANSWER 4

解説 接続詞 because「なぜならば」は直接の原因を説明するときの表現。because ＋ 主語 ＋ 動詞の形になる。

(4) 完成文 Please give me your new address.

ANSWER 2

解説 give ＋ 人 ＋ 物 の語順で「人に物を与える」という意味になる。また、前置詞を用いて give ＋ 物 ＋ to ＋ 人の順に入れ替えることも可能。ほかに teach や show などもこの形をとる。【例】Jim teaches children math. ＝ Jim teaches math to children.「ジムは子どもたちに数学を教えます」。

(5) 完成文 You must be quiet in the movie theater.

ANSWER 3

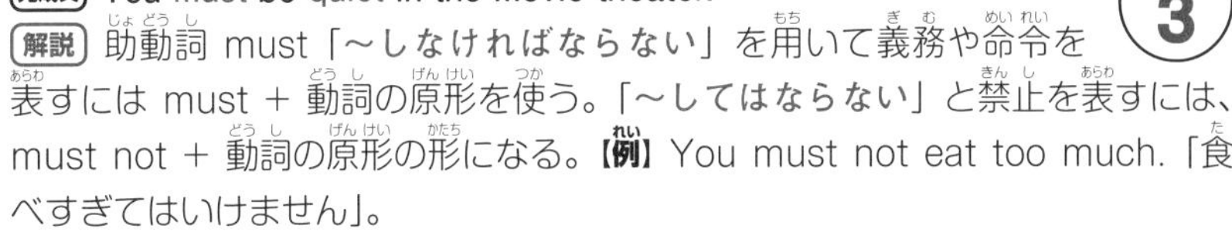

解説 助動詞 must「～しなければならない」を用いて義務や命令を表すには must ＋ 動詞の原形を使う。「～してはならない」と禁止を表すには、must not ＋ 動詞の原形の形になる。【例】You must not eat too much.「食べすぎてはいけません」。

(6) あなたの一番好きなスポーツは何ですか？
(① like ② do ③ you ④ best ⑤ the)
Which sport [ ] [2番目] [ ] [4番目] [ ] ?
1 ③—⑤ **2** ⑤—④ **3** ②—⑤ **4** ③—①

(7) 私はよく、母と土曜日の朝に買い物に行きます。
(① go ② with ③ my ④ shopping ⑤ mother)
I often [ ] [2番目] [ ] [4番目] [ ] on Saturday morning.
1 ①—⑤ **2** ④—③ **3** ②—① **4** ③—②

(8) その本屋は祖父の家の隣です。
(① is ② next ③ bookstore ④ my ⑤ to)
The [ ] [2番目] [ ] [4番目] [ ] grandfather's house.
1 ⑤—② **2** ③—② **3** ①—⑤ **4** ④—⑤

(9) シンディは7歳のときにピアノのレッスンを受け始めました。
(① piano ② lessons ③ taking ④ she ⑤ when)
Cindy started [ ] [2番目] [ ] [4番目] [ ] was seven years old.
1 ⑤—③ **2** ②—③ **3** ④—① **4** ①—⑤

(10) 日本食をどう思いますか？
(① you ② do ③ of ④ Japanese ⑤ think)
What [ ] [2番目] [ ] [4番目] [ ] food?
1 ①—③ **2** ②—④ **3** ④—⑤ **4** ③—②

(11) インドへの旅行はどうでしたか？
(① your ② how ③ to ④ was ⑤ trip)
[ ] [2番目] [ ] [4番目] [ ] India?
1 ④—⑤ **2** ⑤—① **3** ②—① **4** ③—②

(6) 完成文 Which sport do you like the best? **ANSWER 1**

解説 whichの代わりにwhatを使っても同じ意味になる。「～が一番好き」は、like ～（名詞または動名詞）the bestを使う。theを付けないこともある。sportの代わりにseason「季節」、food「食べ物」、color「色」、animal「動物」などもよく使われる。【類】Which Japanese food do you like the best?「日本料理は何が一番好きですか？」。Which ＋（たずねたいもの）＋ do you like ～？の語順も覚えること。

(7) 完成文 I often go shopping with my mother on Saturday morning. **ANSWER 2**

解説 go ＋ 動詞の -ing形で「～しに行く」となる。ほかに、enjoy ＋ 動詞の -ing形で「～することを楽しむ」がある。【例】I enjoy swimming in the sea.「海で泳ぐことを楽しむ」。

(8) 完成文 The bookstore is next to my grandfather's house. **ANSWER 3**

解説 next to ～「～の隣に」。場所・位置を表すほか、順序を表すこともできる。【例】What is the most popular sport next to soccer?「サッカーの次に、最も人気があるスポーツは何ですか？」。

(9) 完成文 Cindy started taking piano lessons when she was seven years old. **ANSWER 4**

解説 start ＋ 動詞の -ing形で「～し始める」となる。when は疑問詞以外に「～するとき」という意味でも使える。【例】Let's go to the restaurant when you are free.「あなたが暇なときに、レストランへ行きましょう」。

(10) 完成文 What do you think of Japanese food? **ANSWER 1**

解説 think of ～「～を思う」。ほかに think about ～「～について考える」や think that ～「～と思う」がある。日本語では「どう思う」だが、英語では疑問詞は how ではなく what「何を」を使う。

(11) 完成文 How was your trip to India? **ANSWER 1**

解説 trip to ～「～への旅行」。How は方法や程度以外に、状態や具合についてたずねることができる。【例】How was your birthday party?「あなたの誕生日会はどうでしたか？」。

日本文付き短文の語句整序

次の日本文の意味を表すように①から⑤までを並べかえて□の中に入れなさい。そして、2番目と4番目にくるものの最も適切な組み合わせを **1**、**2**、**3**、**4** の中から一つ選びなさい。

(1) 何か熱い飲み物はいかがですか？

(① something ② hot ③ like ④ drink ⑤ to)

Would you □ □(2番目) □ □(4番目) □ ?

1 ②—① **2** ④—① **3** ①—⑤ **4** ③—⑤

(2) 私をこのパーティーに招待してくれて、ありがとう。

(① you ② inviting ③ thank ④ for ⑤ me)

□ □(2番目) □ □(4番目) □ to this party.

1 ③—④ **2** ②—⑤ **3** ①—③ **4** ①—②

(3) ダニエルは美術部のメンバーですか？

(① a ② of ③ is ④ member ⑤ Daniel)

□ □(2番目) □ □(4番目) □ the art club?

1 ⑤—④ **2** ⑤—① **3** ③—② **4** ②—④

(4) 私の父は料理が得意です。

(① good ② my ③ is ④ father ⑤ at)

□ □(2番目) □ □(4番目) □ cooking.

1 ①—③ **2** ②—① **3** ④—③ **4** ④—①

(5) 私たちは日本対ニュージーランドのラグビーの試合を見に行きました。

(① game ② and ③ Japan ④ rugby ⑤ between)

We went to see the □ □(2番目) □ □(4番目) □ New Zealand.

1 ②—③ **2** ④—⑤ **3** ①—⑤ **4** ①—③

(1) 完成文 Would you like something hot to drink?

ANSWER 3

解説 Would you like ～？「～はいかがですか？」は勧誘の表現。Would you like a glass of milk ?「牛乳を1杯いかがですか？」のように使う。something to drink「何か飲み物」。

(2) 完成文 Thank you for inviting me to this party.

ANSWER 4

解説 Thank you for ～.「～してくれてありがとう」の～には、動詞が入る場合は ing を付ける。invite「招待する」はeを取って、ing を付ける。to ～ は「～へ」で場所を表す。

(3) 完成文 Is Daniel a member of the art club?

ANSWER 1

解説 a member of ～「～の一員」は、a member of the music club「音楽部の一員」、a member of the volleyball club「バレーボール部の一員」のように使う。

(4) 完成文 My father is good at cooking.

ANSWER 4

解説 be good at ～「～が得意だ」は、I'm good at English.「私は英語が得意です」や、I'm good at swimming.「私は水泳が得意です」のように使う。cooking は、cook「料理する」の -ing形。

(5) 完成文 We went to see the rugby game between Japan and New Zealand.

ANSWER 4

解説 between … and ～「…と～の間に」は、between four and five o'clock「4時と5時の間に」のように時間や、between Osaka and Tokyo「大阪と東京の間に」のように場所などにも使う。

文法のポイント10

1. am・is の過去形 = was、are の過去形 = were

I was very tired at that time. ぼくはそのとき、とても疲れていた。

It was snowy last night. ゆうべは雪でした。

My friends were kind to me. ぼくの友だちは、親切にしてくれた。

2. There is(are) ～.「～がある」は後ろに主語がくる

There are a lot of people at the theater. その劇場にはたくさんの人がいる。

3. 規則動詞の過去形はed、不規則動詞はさまざま

My father visited Canada two years ago. 父は2年前にカナダを訪れた。

Mary wrote to her uncle many times. メアリーはおじに何度も手紙を書いた。

4. 現在進行形は近い未来を表すこともある

▶am, is, are ＋ 動詞の -ing形「～するつもりだ、～する予定だ」

I am going to the park after school. 放課後公園へ行くつもりです。

We are leaving for Osaka tomorrow. 私たちは明日、大阪へ出発する予定です。

5. 助動詞は五つをマスターする

▶can「できる」、must「しなければならない」、may「してもよい」、should「すべき」、will「でしょう」

You should be kind to old people. お年寄りには親切にすべきだ。

May I have your address? ご住所をお願いしていいですか？

6. give ＋ 人 ＋ 物 ＝「（人）に（物）を与える」の語順に注意

I'll give him a nice present. 私は彼に、すてきな贈り物をします。

＊show「見せる」、tell「話す」、send「送る」、buy「買う」、bring「持ってくる」、teach「教える」、などども同じ語順になる。

Ms. Tanaka teaches us English. タナカ先生は、私たちに英語を教えています。

7. 不定詞（to ＋ 動詞の原形）は3タイプ ＝ ～すべき、～すること、～するために

Give me something to eat. 食べるべき何かをください。
➡ 何か食べ物をください。

To get up early is good for health. 早く起きることは健康によい。

Yumi went there to see her old friend. ユミは昔の友だちに会うためにそこへ行った。

8. 動名詞（動詞の -ing形）＝「～すること」

Painting pictures is my hobby. 絵を描くことは私の趣味です。

My father stopped smoking. 父は喫煙をやめた。

9. 比較級はer、最上級はest

Canada is bigger than France. カナダはフランスより大きい。

My brother gets up earlier than I. 弟（兄）はぼくより早起きする。

Takeshi is the tallest of the three. タケシは3人の中で一番背が高い。

10. 受け身（be ＋ 動詞の過去分詞）＝「～される」

This book was written by Shakespeare. この本はシェークスピアによって書かれた。

第4章

長文(ちょうぶん)の内容(ないよう)一致(いっち)選択(せんたく)

4th Grade

対策ポイント 長文の内容一致選択

英文を読んで、その主題や内容を読み取り、質問に答える問題です。1回のテストで次の三つの文章が出題されます。

❶ 掲示・案内

❷ Eメール（手紙文）

❸ 説明文

質問は三つの文章で合計10問出題されます。

Point 1 まず解答の選択肢を見よう

これは、長文を読み解くうえでの最重要ポイントです。

最初に英文を読み出すことから始めてはいけません。知らない単語が出てきて、そこでストップしてしまうこともあるからです。

先に選択肢を読んでおくと、次のメリットがあります。

❶ 選択肢の中に長文のキーワードがある

❷ 問題を解く時間を短縮できる

❸ 長文の内容を推測できる

Point 2 掲示・案内はタイトルに注目しよう

まず、一番上のタイトルを見ましょう。タイトルは、字が大きかったり、太字になっていたりするのですぐにわかります。タイトルがない場合は最初の１文に注目します。ここから、何について書かれているかを読み取りましょう。

次に、日付や時間、料金などの記載を見ます。数字はたいてい算用数字で書かれているので、しっかり押さえましょう。

また、次の単語は覚えておきましょう。

- Admission「入場、入場料」
- Free「無料の」
- Directions「行き方」
- Opening Hours ／ Hours Open「開館時間」
- Date「日付」
- Place「場所」
- Baggage「荷物」

Point 3 Eメールは独自のスタイルに慣れておこう

Eメールは、下記の形式から始まります。この部分を見れば、「誰が誰に」「いつ」送ったメールなのか「何について書かれているのか」がわかります。

差出人や受取人、日付などの情報はだいたいこの中に入っているので、Eメールを見慣れていなければ、その読み方を覚えておきましょう。

- From：差出人。氏名が記載されている
- To：宛名
- Date：メールを送った日付
- Subject：内容の題名、用件。Reがある場合は、送られてきたメールへの「返信」を表す

Point 4 説明文は、5W1Hに気をつけよう

いつ（When）どこ（Where）で、誰が（Who）何を（What）なぜ（Why）どのように（How）したか

質問文の多くが、疑問詞で始まる疑問文なので、上の5W1Hに対応する語に気をつけて説明文を読み進めます。質問文中の語を○で囲みながら読めば、5W1Hを中心に、要点を押さえつつ見直すこともできます。

掲示・案内の問題

次のちらしを読んで、質問に対する答えとして最も適切なものを **1**、**2**、**3**、**4** の中から一つ選びなさい。

> ## *Come and have fun!*
>
> Let's enjoy music on a summer night.
>
> We will have a concert on Saturday, July 20th, at the ABC Memorial Hall.
>
> **★ Program**
>
> 18 : 30 — 19 : 00　Rainbow Chorus Club
> 19 : 00 — 19 : 30　Happy Friends
> 19 : 30 — 20 : 00　Annie and Nick
>
> The admission fee※ is 15 dollars. You can get free coffee at the ABC Cafeteria.

※admission fee：入場料

(1) ☐ When is the concert?

1 Friday morning.　　**2** Friday afternoon.
3 Saturday morning.　　**4** Saturday night.

(2) ☐ Rainbow Chorus Club will sing

1 after Happy Friends.　　**2** before Happy Friends.
3 with Happy Friends.　　**4** after Annie and Nick.

(1) 質問訳 音楽会はいつありますか？ ANSWER **4**

解説 **1** 金曜日の朝。**2** 金曜日の午後。**3** 土曜日の朝。**4** 土曜日の夜。
When ～？で始まっているので、時間帯を問う問題。We will have a concert on Saturday とあることから、**1** と **2** の選択肢が消える。プログラムを見ると、時間帯から夜だとわかる。また、2文目にある on a summer night からも、夜の開催だとわかる。

(2) 質問訳 レインボーコーラスクラブは＿＿＿＿＿歌う予定です。 ANSWER **2**

解説 **1** ハッピーフレンズの後に **2** ハッピーフレンズの前に **3** ハッピーフレンズと一緒に **4** アニーとニックの後に。内容を表す英文の続きを答える問題。プログラムを見ると、Rainbow Chorus Club の出番は Happy Friends の前なので、**2** が正解。after ～「～の後に」、before ～「～の前に」。

訳

来て楽しんで！

夏の夜、音楽を楽しみましょう。

7月20日土曜日、ABC記念ホールで音楽会を行います。

★ プログラム

18：30 ― 19：00　レインボーコーラスクラブ
19：00 ― 19：30　ハッピーフレンズ
19：30 ― 20：00　アニーとニック

入場料は15ドルです。ABCカフェテリアでコーヒーが無料で飲めます。

重要度 B 掲示・案内の問題

次のちらしを読んで、質問に対する答えとして最も適切なものを **1**、**2**、**3**、**4** の中から一つ選びなさい。

Let's make delicious※ cakes!

We'll have cooking classes for easy to make delicious cakes this month at the community center.

When : Every Monday, Wednesday and Friday
Time : From 2 p.m. to 4 p.m.
Cost : $30
Classes
　Monday : Pancake class
　Wednesday : Cheesecake class
　Friday : Crepe class

We'll have many kinds of drinks for everyone.
For more information, please contact Emi Baker at 333-0007.

※delicious：おいしい

(1) What is the notice for?

1 Yoga classes.　**2** Music classes.
3 Cooking classes.　**4** Swimming classes.

(2) People can take

1 the cheesecake class on Monday.
2 the cheesecake class on Wednesday.
3 the pancake class on Wednesday.
4 the cheesecake class on Friday.

(1) 質問訳 何のお知らせですか？

ANSWER 3

解説 1 ヨガ教室。2 音楽教室。3 料理教室。4 水泳教室。文章全体の要旨を問う問題。1文目に We'll have cooking classes とあることから、3 を選ぶ。ほかにも、cakes「ケーキ」などの単語から、料理教室のお知らせだと読み取ることができる。

(2) 質問訳 人々は＿＿＿＿＿を受けることができます。

ANSWER 2

解説 1 月曜日にチーズケーキ教室 2 水曜日にチーズケーキ教室 3 水曜日にパンケーキ教室 4 金曜日にチーズケーキ教室。内容を表す英文の続きを答える問題。Classes の欄をよく読んで答える。文意に沿っているのは 2 の cheesecake と Wednesday の組み合わせ。

訳

おいしいケーキを作ろう！

今月は簡単に作れておいしいケーキの料理教室を市民会館で開きます。

日にち：毎週月曜日・水曜日・金曜日
時間　：午後２時から午後４時
料金　：30ドル
講座内容
　月曜日：パンケーキクラス
　水曜日：チーズケーキクラス
　金曜日：クレープクラス

いろいろな種類の飲み物を用意しています。
詳しい内容が知りたい方は、エミ・ベーカー（333-0007）に連絡してください。

Eメールの問題

次のEメールを読んで、質問に対する答えとして最も適切なものを **1**、**2**、**3**、**4** の中から一つ選びなさい。

From: Mike Green
To: Kate Brown
Date: October 1
Subject: Math notebook

Hi Kate,
Yesterday I played soccer with my friends and hurt my leg, so I'm absent from school today. But don't worry, Kate. I feel much better today than yesterday. Can you show me your math notebook tomorrow? We will have a math test next week, right? I'm worried because I'm not good at math.
Mike

From: Kate Brown
To: Mike Green
Date: October 1
Subject: OK!

Hi Mike,
I'm sorry to hear that. Are you OK? I'll come to see you this afternoon with my math notebook. I'm good at math, so if you have any questions, please ask me anything. Take care of your leg.
Kate

(1) Why is Mike absent from school?

1 Because he likes soccer.
2 Because he had a math test.
3 Because he hurt his leg.
4 Because he wanted to read books.

(2) When is the math test?

1 Tomorrow.
2 Today.
3 Yesterday.
4 Next week.

(3) Kate will go to Mike's house

1 with her math notebook this afternoon.
2 with her math textbook this afternoon.
3 with her science textbook this afternoon.
4 with her English notebook this afternoon.

重要度A Eメールの問題

(1) 質問訳 マイクはなぜ学校を休むのですか？ **ANSWER 3**

解説 **1** なぜなら彼はサッカーが好きだからです。**2** なぜなら彼は数学のテストがあったからです。**3** なぜなら彼は脚をけがしたからです。**4** なぜなら彼は本を読みたかったからです。Why ～?「なぜ～?」で、学校を休んだ理由をたずねているので、**3** が正解。マイクのメールの1文目に so I'm absent from school today. とあるので、その直前の文を見て答える。

(2) 質問訳 数学のテストはいつありますか？ **ANSWER 4**

解説 **1** 明日。**2** 今日。**3** 昨日。**4** 来週。When ～?「いつ～?」で、数学のテストの日時をたずねている。マイクのメールに We will have a math test next week とあるので、**4** が正解。文中にあるほかの時を表す語（句）に惑わされないこと。

(3) 質問訳 ケイトは__________マイクの家へ行くつもりです。 **ANSWER 1**

解説 **1** 今日の午後、彼女の数学のノートを持って、**2** 今日の午後、彼女の数学の教科書を持って、**3** 今日の午後、彼女の理科の教科書を持って、**4** 今日の午後、彼女の英語のノートを持って。文の内容を表す英文の続きを答える問題。ケイトのメールに I'll come to see you this afternoon with my math notebook. とあるので、**1** が正解。come は「(やって) 来る」だけでなく、会話の相手のところへ行くときにも使う。

覚えておきたい単語・熟語

1. subject 用件
2. be absent from ～ ～を休む
3. hurt ～ ～を傷つける
4. leg 脚（ももから足首までの部分）
5. worry 心配する
6. because （なぜなら）～だから
7. be good at ～ ～が得意である
8. I'm sorry to hear that. それを聞いて気の毒に思う。(→お気の毒に。)
9. take care of ～ ～に気をつける

送信者：マイク・グリーン
受信者：ケイト・ブラウン
受信日：10月１日
件名：数学のノート

やあ、ケイト、
昨日、友だちとサッカーをしていたら脚をけがしたんだ、だから今日、学校は休むよ。でも、心配しないで、ケイト。今日は昨日よりもずっとましなんだ。明日、君の数学のノートを見せてくれる？　来週、数学のテストがあるだろ？数学は得意じゃないから心配なんだ。
マイク

送信者：ケイト・ブラウン
受信者：マイク・グリーン
受信日：10月1日
件名：いいよ！

こんにちは、マイク、
お気の毒に。大丈夫？　今日の午後、数学のノートを持ってお見舞いに行くわ。私は数学が得意だから、何か質問があったら、何でも聞いてね。脚、お大事にね。
ケイト

重要度 B

Eメールの問題

次のEメールを読んで、質問に対する答えとして最も適切なものを **1**、**2**、**3**、**4** の中から一つ選びなさい。

From: Emi Yamada
To: Bob Davis
Date: March 8
Subject: Party!

Hi Bob,
Are you free this Saturday at about 1 p.m. We are going to have a birthday party for my sister. Can you come and join us? Risa and John will come and they will sing for my sister. I will play the violin. My father is going to make pizza. It's very good. My mother will make apple pie.
Emi

From: Bob Davis
To: Emi Yamada
Date: March 9
Subject: I can't come at 1.

Hi Emi,
That sounds nice, but I'm afraid I can't come at 1. I have a soccer game on that day. But I want to come. I want to see your family again and I like your mother's apple pie. Is it OK if I come late? I can get to your house by 3 p.m. Please write me back.
Bob

(1) Whose birthday party is on Saturday afternoon?
☐
1 Bob's.
2 Emi's.
3 Bob's sister's.
4 Emi's sister's.

(2) What is Emi's father going to make?
☐
1 Apple pie.
2 Sandwiches.
3 Pizza.
4 Cake.

(3) Bob will be late for the birthday party
☐
1 because he makes apple pie.
2 because he has a date.
3 because he has a baseball game.
4 because he has a soccer game.

重要度B Eメールの問題

(1) 質問訳 **土曜日の午後、誰の誕生日会がありますか？**

ANSWER **4**

解説 **1** ボブの。**2** エミの。**3** ボブの妹（姉）の。**4** エミの妹（姉）の。Whose ～？「誰の～？」で、土曜日の午後にあるのが誰の誕生日会なのかをたずねている。エミのメールに for my sister とあるので、正解は **4**。

(2) 質問訳 **エミの父親は何を作るつもりですか？**

ANSWER **3**

解説 **1** アップルパイ。**2** サンドイッチ。**3** ピザ。**4** ケーキ。エミの父親が何を作るかについては、My father is going to make pizza. とあるので、正解は **3**。質問文に father とあるのに注意。母親が作る apple pie「アップルパイ」と間違えないこと。

(3) 質問訳 **ボブは誕生日会に遅れるでしょう、＿＿＿＿＿＿＿＿。**

ANSWER **4**

解説 **1** なぜなら彼はアップルパイを作るからです **2** なぜなら彼はデートがあるからです **3** なぜなら彼は野球の試合があるからです **4** なぜなら彼はサッカーの試合があるからです。ボブがなぜ誕生日会に遅れるかを答える。ボブのメールの2文目に I have a soccer game on that day. とあるので、正解は **4**。

覚えておきたい単語・熟語

1. free　自由な、暇な
2. be going to ～　～するつもり（予定）である
3. join ～　～に参加する
4. sound ～　～に聞こえる
5. I'm afraid, ～　残念ながら～
6. if ～　もし～ならば
7. late　遅れて

送信者：エミ・ヤマダ
受信者：ボブ・デイビス
受信日：3月8日
件名：パーティー！

こんにちは、ボブ、
今度の土曜日の午後1時ごろ、時間ある？　妹（姉）のために誕生日会を開く予定なの。来て私たちに加わってくれないかしら？　リサとジョンが来て、彼らは妹（姉）のために歌を歌ってくれるの。私はバイオリンを弾くつもりよ。父がピザを作るわ。すごくおいしいのよ。母はアップルパイを作るわ。
エミ

送信者：ボブ・デイビス
受信者：エミ・ヤマダ
受信日：3月9日
件名：1時には行けないよ。

やあ、エミ、
すてきだね、でも、残念ながら1時には行けないなあ。その日にサッカーの試合があるんだ。でも、行きたいなあ。君の家族にもう一度会いたいよ、ぼくは君のお母さんのアップルパイが好きなんだ。遅れてもいいかい？　君の家には午後3時までに着くことができる。返事聞かせてね。
ボブ

Eメールの問題

次のEメールを読んで、質問に対する答えとして最も適切なものを **1**、**2**、**3**、**4** の中から一つ選びなさい。

From: George Williams
To: Peter Johnson
Date: October 15
Subject: Saturday

Hi Peter,
Do you want to go to the art museum with me this Saturday? You can see lots of Japanese art there. I like Hokusai※ very much. Who do you like? How about having lunch after we visit the art museum? I know a good sandwich shop near the museum. I'm really looking forward to seeing you.
George

From: Peter Johnson
To: George Williams
Date: October 16
Subject: OK!

Hi George,
Thank you for your e-mail. Of course I want to go. I like Japanese art, too. I like Jakuchu※. I hope to see his art. I'm free all day, so I can go to lunch with you, too. I like sandwiches very much. I want to go to a bookstore after lunch. I want to buy a soccer magazine. Let's meet at Midorigaoka Station at 9:30. I can't wait for this Saturday.
Peter

※Hokusai：北斎
※Jakuchu：若冲

(1) Where are Hokusai and Jakuchu from?

☐

1 The United States of America.
2 Japan.
3 China.
4 India.

(2) What kind of book does Peter want to buy?

☐

1 A soccer magazine.
2 A comic book.
3 A baseball magazine.
4 A rugby magazine.

(3) This Saturday, George is going to the museum

☐

1 with his little sister.
2 with Peter's little sister.
3 with Peter.
4 with his father.

6 Eメールの問題

(1) 質問訳 北斎と若冲はどこの出身ですか？

ANSWER 2

解説 **1** アメリカ合衆国。**2** 日本。**3** 中国。**4** インド。文中の情報から推測する問題。ジョージのメール、またはピーターのメールに Japanese art「日本の美術」という記述があるので、彼らが日本の出身であることがわかる。

(2) 質問訳 ピーターはどんな種類の本を買いたいのですか？

ANSWER 1

解説 **1** サッカーの雑誌。**2** マンガ。**3** 野球の雑誌。**4** ラグビーの雑誌。What kind of ～?「どんな（種類の）～?」。ピーターのメールに I want to buy a soccer magazine. とあるので、**1** が正解。

(3) 質問訳 今度の土曜日、ジョージは＿＿＿＿＿美術館へ行きます

ANSWER 3

解説 **1** 彼の妹（姉）と一緒に、**2** ピーターの妹（姉）と一緒に、**3** ピーターと一緒に、**4** 彼の父親と一緒に。文の内容を表す英文の続きを答える問題。ジョージはピーターを誘い、ピーターはそれを承諾したので、**3** が正解となる。**3** 以外の選択肢に登場する人物はすべて文中には出てきていないので、惑わされないこと。

覚えておきたい単語・熟語

1. art museum　美術館
2. lots of ～　たくさんの～
3. free　自由な、暇な
4. all day　一日中
5. bookstore　書店

送信者：ジョージ・ウイリアムズ
受信者：ピーター・ジョンソン
受信日：10月15日
件名：土曜日

やあ、ピーター、
今度の土曜日、ぼくと美術館へ行かないか？　たくさんの日本美術の作品がそこで見られるよ。ぼくは北斎が大好きなんだ。君は誰が好き？　美術館を訪れた後、ランチを食べない？　美術館の近くにあるおいしいサンドイッチ屋さんを知っているんだ。君と会うのを本当に楽しみにしているよ。
ジョージ

送信者：ピーター・ジョンソン
受信者：ジョージ・ウイリアムズ
受信日：10月16日
件名：いいよ！

やあ、ジョージ、
メールをありがとう。もちろん行きたいよ。ぼくも日本の美術は好きだよ。ぼくは若冲が好きなんだ。彼の作品を見たいなあ。その日は一日中あいているから、君とランチも行けるよ。サンドイッチは大好きだよ。ランチの後、本屋へ行きたいな。サッカーの雑誌を買いたいんだ。9時半に緑ヶ丘駅で会おう。今週の土曜日が待ちきれないよ。
ピーター

説明文の問題

次の英文を読んで、質問に対する答えとして最も適切なもの、または文を完成させるのに最も適切なものを **1**、**2**、**3**、**4** の中から一つ選びなさい。

Nancy's Second Trip

This summer, Nancy went to Japan. It was her second time to visit Japan. She wanted to go to the Kansai area this time because she visited Tokyo and Yokohama on her first trip. She went to Asakusa and Yokohama Chinatown※ then.

She arrived at Kansai Airport and took a train to Osaka Station. She was surprised because the station was very crowded. Nancy met Takeshi at the south exit※. They are both fifteen years old. He was an exchange student at her school last year. He stayed at her house for two weeks and they became good friends.

Nancy stayed at Takeshi's house for a week. He took her to many interesting places in Osaka. They went to Osaka Castle, Tsutenkaku and Expo Park※. They ate takoyaki and okonomiyaki. It was a wonderful experience for her. "How did you like the trip?" Takeshi asked. Nancy smiled and said, "It was great, thank you. And all the food was delicious."

※Yokohama Chinatown：横浜中華街　　※south exit：南口
※Expo Park：万博公園

(1) How many times did Nancy visit Japan?
☐
1 Once.
2 Twice.
3 Three times.
4 Four times.

(2) Where did Nancy visit on her first trip to Japan?
☐
1 Tokyo and Yokohama.
2 Tokyo.
3 Osaka.
4 Osaka and Kobe.

(3) How did Nancy go to Osaka Station?
☐
1 By air.
2 By taxi.
3 By bus.
4 By train.

(4) Takeshi and Nancy became good friends
☐
1 because he stayed at her house for a week.
2 because he stayed at her house for two weeks.
3 because she stayed at his house last year.
4 because she visited Tokyo.

(5) What did Nancy do in Osaka?
☐
1 She went to many interesting places.
2 She went to school.
3 She watched many movies.
4 She bought many comics.

重要度A 説明文の問題

(1) 質問訳 ナンシーは日本を何回訪れましたか？ ANSWER 2

解説 **1** 1回。**2** 2回。**3** 3回。**4** 4回。How many times ～？「何回～？」。2文目に It was her second time とあるので、答えは **2** のTwice.「2回」となる。2回は two times ともいう。second time「2回目」と表現が異なっているので注意。

(2) 質問訳 ナンシーは最初の日本への旅行でどこを訪れましたか？ ANSWER 1

解説 **1** 東京と横浜。**2** 東京。**3** 大阪。**4** 大阪と神戸。ナンシーの最初の旅行について述べられている箇所を探す。3文目の she visited Tokyo and Yokohama on her first trip から、**1** の東京と横浜だとわかる。大阪を訪れるのは2回目の旅行なので、**3** や **4** ではない。

(3) 質問訳 ナンシーは大阪駅までどのように行きましたか？ ANSWER 4

解説 **1** 飛行機で。**2** タクシーで。**3** バスで。**4** 電車で。交通手段をたずねる問題。第2段落に took a train to Osaka Station とあるので、正解は **4**。By air.「飛行機で」。飛行機を使ったのは空港までなので、この場合は不適切。

(4) 質問訳 タケシとナンシーはよい友だちになりました、＿＿＿＿＿。 ANSWER 2

解説 **1** なぜなら彼は1週間彼女の家に滞在したからです。**2** なぜなら彼は2週間彼女の家に滞在したからです。**3** なぜなら彼女は去年彼の家に滞在したからです。**4** なぜなら彼女が東京に行ったからです。第2段落の内容を見て答える。they became good friends の直前に、He stayed at her house for two weeks とあるので **2** が正解。文の主語と時間を表す表現に注目する。

(5) 質問訳 ナンシーは大阪で何をしましたか？ ANSWER 1

解説 **1** たくさんのおもしろい場所へ行った。**2** 学校へ行った。**3** たくさんの映画を見た。**4** たくさんのマンガを買った。第3段落の内容を見て答える。He took her to many interesting places とあるので、**1** が正解。この場合の He はタケシ、her はナンシーを指す。文中の he、または she がそれぞれ誰を指すのかを把握して文の意味をつかむ。

訳 ナンシーの２回目の旅

今年の夏、ナンシーは日本に行きました。それは彼女にとって２回目の日本旅行でした。最初の旅行では東京と横浜に行ったので、今回は関西に行きたかったのです。その時は、浅草と横浜中華街に行きました。

彼女はまず関西空港に着き、次に電車に乗って大阪駅へ行きました。駅は大変混んでいて彼女は驚きました。彼女はタケシと南口で待ち合わせをしました。彼らは二人とも15歳です。彼は去年ナンシーの学校の交換留学生でした。彼はナンシーの家に２週間ホームステイをして、彼らはよい友だちになりました。

ナンシーはタケシの家に１週間ホームステイをしました。タケシはナンシーを大阪のたくさんのおもしろい場所へ連れて行ってくれました。彼らは大阪城や通天閣、万博公園へ行きました。彼らはたこ焼きとお好み焼きを食べました。それはナンシーにとってすばらしい経験になりました。「今回の旅行はどうだった？」とタケシがたずねました。ナンシーは笑顔で言いました。「とてもよかったわ、ありがとう。食べ物も全部おいしかったよ」

覚えておきたい単語・熟語

1. second　２番目の
【類】first ／ third　最初の／３番目の

2. trip　旅行

3. arrive at ～　～に着く

4. airport　空港

5. be surprised　驚く

6. crowded
（乗り物などが）混み合った

7. both　二人とも

8. stay at ～　～に滞在する

9. for two weeks　２週間

10. an exchange student　交換留学生

11. take A to B　AをBに連れていく

12. interesting　おもしろい

13. wonderful　すばらしい

14. experience　経験

次の英文を読んで、質問に対する答えとして最も適切なもの、または文を完成させるのに最も適切なものを **1**、**2**、**3**、**4** の中から一つ選びなさい。

Yuki's Cultural Festival

Yuki's school has a cultural festival in October every year. Many people come to school on that day. There will be plays, dance performances and singing in the hall. This year, Yuki's class is going to sing a song there. They will sing "Stand By Me."

Yuki is a member of the basketball club. She is good at sports, but she isn't good at singing. Her parents come to the festival every year. They're looking forward to Yuki's class performance this year. Yuki is very nervous about it.

Yuki's friend, Sara is good at playing the piano. She wants to be a musician in the future. One day, on their way home, Sara said, "Yuki, take it easy. You play basketball well on the court. This time, your court becomes the stage. That's a tiny difference, isn't it? Everyone feels nervous on the stage. Of course, me too ! "

(1) When is the cultural festival?

☐

1 In summer.
2 In October.
3 Every day.
4 One day.

(2) What kind of song will Yuki sing at the cultural festival?

☐

1 A dance song.
2 "Stand By Me."
3 A Japanese song.
4 A cartoon theme song.

(3) One day, on their way home, Sara said to Yuki,

☐

1 "Your court becomes the stage."
2 "Sports become music."
3 "Basketball becomes a song."
4 "The cultural festival becomes the sports festival."

(4) Who wants to be a musician in the future?

☐

1 Yuki.
2 Yuki's sister.
3 Sara.
4 Sara's friend.

(5) Yuki is good at sports, and

☐

1 Sara is good at playing the violin.
2 Sara is good at singing songs.
3 Sara is good at playing basketball.
4 Sara is good at playing the piano.

説明文の問題

(1) 質問訳 文化祭はいつですか？

解説 **1** 夏に。**2** 10月に。**3** 毎日。**4** ある日。1文目に in October「10月に」とあることに気づけば、簡単に答えられる。

(2) 質問訳 文化祭でユキはどんな歌を歌いますか？

ANSWER **2**

解説 **1** ダンスの歌。**2**『スタンドバイミー』。**3** 日本の歌。**4** アニメのテーマソング。第1段落の最後に They will sing "Stand By Me." とあるので、**2** が正解。cartoon「アニメ、マンガ」。theme「テーマ（すィーム〔θíːm〕）」。

(3) 質問訳 ある日、家への帰り道で、サラはユキに＿＿＿＿＿と言いました。

ANSWER **1**

解説 **1**「コートがステージになるのよ」**2**「スポーツが音楽になるのよ」**3**「バスケットボールが歌になるのよ」**4**「文化祭が体育祭になるのよ」第3段落はサラがユキを励ます場面。This time, your court becomes the stage.「今回は、あなたのコートがステージになるのよ」というせりふから答える。feel nervous「緊張する」。

(4) 質問訳 誰が将来、音楽家になりたがっていますか？

ANSWER **3**

解説 **1** ユキ。**2** ユキの妹（姉）。**3** サラ。**4** サラの友だち。第3段落、She wants to be a musician in the future. の文を見て答える。この She はサラのこと。

(5) 質問訳 ユキはスポーツが得意です、そして＿＿＿＿＿。

ANSWER **4**

解説 **1** サラはバイオリンを弾くのが得意です。**2** サラは歌を歌うのが得意です。**3** サラはバスケットボールをするのが得意です。**4** サラはピアノを弾くのが得意です。文の内容を表す英文の続きを答える問題。サラの得意なことを答える。第3段落の1文目に Sara is good at playing the piano とある。バスケットボールをしているのはユキなので、混同しないように情報を整理する。

訳 ユキの文化祭

ユキの学校は、毎年10月に文化祭を行っています。その日は、たくさんの人々が学校を訪れます。講堂では、劇やダンス公演、歌があります。今年、ユキのクラスは講堂で歌を歌うことになりました。彼らは『スタンドバイミー』を歌います。

ユキはバスケットボールクラブの一員です。彼女はスポーツは得意ですが、歌は得意ではありません。ユキの両親は毎年、文化祭に来ます。今年、彼らはユキのクラスの発表を楽しみにしています。ユキはそのことにとても緊張しています。

ユキの友だちのサラは、ピアノを弾くことが得意です。彼女は将来、音楽家になりたいと思っています。ある日の帰宅途中、サラが言いました、「ユキ、気楽にいこうよ。あなたはコートの中では上手にバスケットボールをしているじゃない。今回は、あなたのコートがステージになるのよ。ごく小さな違いだと思わない？　誰でもステージの上では緊張するわ。もちろん、私もよ！」

覚えておきたい単語・熟語

1. cultural festival　文化祭
2. every year　毎年
3. play　劇
4. dance performance　ダンス公演
5. hall　講堂
6. a member of ～　～の一員
7. be good at ～　～が得意である
8. parents　両親
9. look forward to ～　～を楽しみにしている
10. nervous　神経質な
11. musician　音楽家
12. in the future　将来
13. on one's way home　帰宅途中で
14. take it easy　気楽にやる
15. stage　ステージ、舞台
16. tiny　ごく小さな
17. difference　違い
18. of course　もちろん

長文に出る単語・熟語

単語

add	加える
admission	入場、入場料
airport	空港
a.m.	午前
bake	焼く
ceremony	儀式
chopped	刻んだ
classmate	級友、クラスメート
closed	閉店の
dear ～	親愛なる～
discount	割引
entrance	入り口
excite ～	～を興奮させる、わくわくさせる
exit	出口
free	自由な、暇な、無料の
gym	体育館
job	仕事
love, ～	～より、愛をこめて
min.(= minute)	分
mix	混ぜる
open	開いている
pen-pal	文通友だち
photographer	写真家
p.m.	午後
price	価格
reasonable	あまり高くない
tourist	旅行者
traffic	交通の便
visit	訪れる
weekend	週末
wonderful	すばらしい

熟語

after school	放課後
again and again	何度もくり返して
all day	一日中ずっと
a piece of ～	一つの～
a student ID	学生証
at first	最初は
at the same time	同時に
be absent from ～	～を欠席する
because of ～	～が原因で
be going to ～	～するつもり(予定)である
be late for ～	～に遅刻する
birthday party	誕生日会
break one's leg	脚の骨を折る
by air	飛行機で
by air mail	航空便で
by oneself	一人で
by the way	ところで
come back	戻る
Don't worry.	心配しないで。
farewell party	お別れ会
give up	あきらめる
most of all	何よりも、一番
much better than ～	～よりはずっといい
plan to ～	～する予定である
Say hello to your family.	ご家族によろしく。
Sincerely yours, ～	(改まった言い方で)～より
start at ～	～から始まる
Please write soon.	すぐ返事書いてね。
Your friend, ～.	あなたの友、～より。

第5章

リスニング問題

4th Grade

音声アイコンのある問題は、音声を聞いて答える問題です。
音声はスマートフォンやパソコンでお聞きいただけます。
詳細は6ページをご参照ください。

対策ポイント

リスニング問題

リスニング問題は全部で 30 問出題されます。第1部から第3部まであります。英文は二度放送されます。

第1部　会話の応答文選択　10 問
第2部　会話の内容一致選択　10 問
第3部　文の内容一致選択　10 問

Point 1 イラストから情報を読み取ろう

第１部の問題はイラストを見ながら会話と三つの選択肢を聞いて、その会話の最後の応答文を選ぶ問題です。問題用紙にはイラストだけ掲載されています。このイラストには、問題を解くための大切な情報が描かれています。

❶ 人…どのような人が話しているのか。
❷ 場所…会話はどこで行われているのか。天候など。
❸ 行動…何をしながら話しているのか。
❹ 雰囲気…楽しそうなのか、悲しそうなのかなど。

例題で確認してみましょう。

例題

【放送文】

A：Can you go swimming today?

B：Sure.

A：How about three o'clock?

B：(　　)

【放送される選択肢】

1 OK. See you then.　**2** Have a good day.

3 Yes. It's three years.

正解 1

イラストを見ると、会話の人物が女の子と男の子の二人だということと、背景から教室で話していること、二人が楽しそうな様子だということがわかります。このようにイラストから事前に会話の場面を把握しておくと、放送文が流れたときにも落ち着いて聞き取ることができます。

Point 2 最初に話した人物の2回目のせりふがカギ

第1部の放送文は、「人物 **A** のせりふ → 人物 **B** のせりふ → 人物 **A** の2回目のせりふ → 選択肢」と放送されます。この中で正解を選ぶカギとなるのは人物 **A** の2回目のせりふです。特にこのせりふに注意して聞き取りましょう。

Point 3 先に選択肢を読んでおこう

すべてのリスニング問題に共通することですが、第1問が解けたら第2問、第2問が解けたら第3問と、次の問題の選択肢にすばやく目を通しておきます。そのように先読みをすると、何を聞き取ればよいかの予測ができ、落ち着いて放送を聞くことができます。

例題 選択肢を見て、放送される質問を予想してみましょう。

1 At the hospital. **2** At the bus stop.

3 At the police box. **4** At the museum.

選択肢は**1**「病院で」、**2**「バス停で」、**3**「交番で」、**4**「博物館で」となっています。ということは、「どこで」という場所をたずねる質問が予想できるので、場所に注意して聞けばよいとわかります。

Point 4 1回目で全体を把握し、2回目は質問のポイントに集中して聞き取ろう

第2部と第3部は「英文 → 質問 → 2回目の英文 → 2回目の質問」の流れで放送されます。Point 3で説明した選択肢の先読みで、ある程度、質問を想像しながら1回目の英文を聞き取りましょう。実際の質問が予想と違っている場合は、実際の質問の答えに集中して2回目の放送を聞きます。

Point 5 気持ちの切り替えが大切

リスニング問題は試験の最後にあるので、集中力が途切れて聞き逃すことがあるかもしれません。そのときは、「失敗した」という気持ちを引きずらず、気持ちを切り替えて次の問題に臨みましょう。

会話の応答文選択

イラストを参考にしながら対話と応答を聞き、最も適切な応答を **1**、**2**、**3** の中から一つずつ選びなさい。

No. 3 5

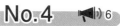

No. 4 6

Point

●最初（さいしょ）にイラストから情報（じょうほう）を読（よ）み取（と）っておこう。

No.5 7

No.6 8

No.7 9

No.8 10

No.9 11

No.10 12

No.11 13

No.12 14

頻出度A 会話の応答文選択 解答・解説

No.1 3

英文

Boy：Your donuts look good.
Girl：Yes, they're very good.
Boy：Can I have some?

英文訳

男の子：ドーナツ、おいしそうだね。
女の子：ええ、とってもおいしいのよ。
男の子：ちょっともらっていい？

選択肢

1 Good. See you.
2 Sure. Here you are.
3 I think so, too.

選択肢の訳

1 いいです。またね。
2 いいですよ。はい、どうぞ。
3 私もそう思います。

解説 Can I ～？は「～していいですか？」という意味で使われている。これに対して許可を与える表現が **2** の Sure.「いいですよ」。そして、ドーナツを差し出しながら Here you are.「はい、どうぞ」とする会話が続いている。「おいしい」と表現するときは good が一般的。donut「ドーナツ」は doughnut とも書く。

ANSWER **2**

No.2 4

英文

Girl：Hi, Henry. Do you want to go to a movie?
Boy：I can't. It's my grandmother's birthday.
Girl：Really? What will you give her?

英文訳

女の子：こんにちは、ヘンリー。映画を見に行かない？
男の子：無理なんだ。おばあちゃんの誕生日なんだよ。
女の子：そうなんだ。彼女に何をあげるの？

選択肢

1 A scarf.
2 It's today.
3 I want some candy.

選択肢の訳

1 スカーフです。
2 今日です。
3 私はキャンディーがほしい。

解説 女の子の What will you give her? を正確に聞き取ることが必要。What「何」を聞き取り、その答えとして最も適切な選択肢を選ぶ。誕生日のプレゼントについてたずねているので、**1** の A scarf. が妥当。**2** は日付のことを聞いているわけではないので不適切。

ANSWER **1**

No.3 5

英 文

Boy：Dinner was good, Mom.

Mother：Are you full?

Boy：No. What's for dessert?

英文訳

男の子：お母さん、夕ごはんおいしかったよ。

母親：おなかいっぱい？

男の子：ううん。デザートは何？

選択肢

1 I like cake.
2 After dinner.
3 Your favorite cake.

選択肢の訳

1 私はケーキが好きです。
2 夕食の後に。
3 あなたのお気に入りのケーキよ。

解説 What's for dessert? という疑問文に対しての答えを選ぶ。似た発音の desert「砂漠」という単語もあるが、こちらはアクセントが前半の e についているので聞き分けられるようにする。full「満腹で」。

No.4 6

英 文

Father：Lily, where are you?

Girl：I'm in the garden.

Father：Lunch is ready!

英文訳

父親：リリー、どこにいるんだい？

女の子：庭よ。

父親：昼食の準備ができたよ！

選択肢

1 Just a minute, please.
2 Yes, I am.
3 It's a garden.

選択肢の訳

1 ちょっと待ってください。
2 はい、私はそうです。
3 それは庭です。

解説 Lunch is ready!「昼食の準備ができました！」を確実に聞き取ることが正解のポイント。正解の「ちょっと待ってください」は、Wait a minute, please. と言うこともある。

No.5 7

(英　文)

Girl：How can I get to the zoo from here?

Man：You should take the subway.

Girl：Where's the subway station?

(英文訳)

女の子：ここから動物園へはどうやって行くのですか？

男性：地下鉄に乗るべきですよ。

女の子：地下鉄の駅はどこですか？

(選択肢)

1 Have a nice day.

2 Over there.

3 I like koalas.

(選択肢の訳)

1 よい一日を。

2 向こうです。

3 コアラが好きです。

(解説) How ～？「どのようにして～？」で交通手段を問う。ここではさらに、女の子が地下鉄の駅の場所についてたずねていることを聞き取るのがポイント。Where「どこ」に対して適切な答えは **2** のみ。**1** の Have a nice day. は「よい一日を（お過ごしください）」。

ANSWER **2**

No.6 8

(英　文)

Man：Why don't we go out for dinner tonight?

Woman：That sounds great!

Man：How about the new French restaurant?

(英文訳)

男性：今夜の夕食は外食にしない？

女性：それはいいわね！

男性：新しいフランス料理店はどうかな？

(選択肢)

1 No, thanks. I'm not hungry.

2 I went to France.

3 OK. Let's go.

(選択肢の訳)

1 いいえ、けっこうです。私はおなかがすいてないわ。

2 私はフランスへ行きました。

3 オーケー。行きましょう。

(解説) Why don't we ～？は「どうして～しないの？」が文字通りの意味だが、それが転じて「～しよう」と相手を誘う表現として使われる。go out for dinner はそのまま「夕食のために外出する」の意味で、そこから「夕食を外食にする」ということになる。How about ～？は、相手に「～はどうですか？」と提案する表現。提案への適切な応対は **3** である。

ANSWER **3**

No.7 9

英文

Girl：What are you reading, John?
Boy：I'm reading a music magazine.
Girl：Oh, can I read it after you finish?

英文訳

女の子：何を読んでいるの、ジョン？
男の子：音楽の雑誌を読んでいるよ。
女の子：まあ、あなたが終わった後で読ませてくれない？

選択肢

1 Sure, no problem.
2 Yes, I do.
3 Thank you.

選択肢の訳

1 もちろん、かまいません。
2 はい、そうです。
3 ありがとう。

解説 最後の Can I ～？は「～してもいいですか？」と許可を求める表現。これを受けて「いいですよ」と許可を与えている **1** が正解。no problem「問題がない」は許可を求められたことへの返事で、「かまわない」を意味する。after you finish は「あなたが終わった後で」。会話に現在進行形（be動詞 ＋ ～ing）「～しているところです」が使われていることにも注意。

ANSWER 1

No.8 10

英文

Girl：Let's go shopping today.
Boy：Sorry, I can't.
Girl：Why not?

英文訳

女の子：今日買い物に行きましょう。
男の子：ごめん、行けないんだ。
女の子：どうしてだめなの？

選択肢

1 That's a good idea.
2 I have a baseball game.
3 Every day.

選択肢の訳

1 それはいい考えだね。
2 野球の試合があるんだ。
3 毎日。

解説 Why not? は、その前の否定文に対して「どうして～ではないの？」と理由をたずねる表現。少年の Sorry, I can't（go shopping）.「ごめん、（買い物には）行けない」の言葉を受けて Why not? とたずねているので、その理由としてふさわしい **2** を選ぶ。go ～ ing で「～しに行く」の意味。

ANSWER 2

No.9 11

英文

Man：Next Monday is a holiday.
Woman：Yes, I know.
Man：Do you want to go anywhere?

英文訳

男性：次の月曜日は休日だね。
女性：ええ、そうね。
男性：どこかへ行きたい？

選択肢

1 Yes, I want to go to the beach.
2 Yes, I like cats.
3 Yes, I listen to the radio.

選択肢の訳

1 はい、私は浜辺に行きたいです。
2 はい、私はねこが好きです。
3 はい、私はラジオを聞きます。

解説 Do you ～？ でたずねられているので、Yes か No で答えなければならないが、ここでは選択肢がすべて Yes で始まるため、その後の単語で判断する。男性が Do you want to go anywhere? と行きたい場所について話しているので、**1** が答え。anywhere「どこかに」は疑問文や否定文に使い、肯定文では somewhere を使う。

ANSWER **1**

No.10 12

英文

Mother：Where are you going?
Boy：I'm going to Ken's house.
Mother：Take your umbrella. It's going to rain.

英文訳

母親：どこに行くの？
男の子：ケンの家に行くところだよ。
母親：傘を持って行きなさい。雨が降るから。

選択肢

1 OK. Thank you.
2 Yes, I am.
3 Let's go to Ken's house.

選択肢の訳

1 わかった。ありがとう。
2 はい、私はそうです。
3 ケンの家へ行こう。

解説 Take your umbrella.「傘を持って行きなさい」という母親の言葉に適切に応じているのは **1**。It's going to rain. は be going to ～「～しそうである」を使い、未来を予測した表現。

No. 11 13

英文

Clerk：May I help you?
Woman：Yes. Can you show me that jacket?
Clerk：What's your size?

英文訳

店員：何かご入り用ですか？
女性：はい。あのジャケットを見せてもらえますか？
店員：あなたのサイズは何ですか？

選択肢

1 The red one, please.
2 Two, please.
3 Medium, please.

選択肢の訳

1 赤いものをお願いします。
2 ２枚お願いします。
3 Mサイズをお願いします。

解説 客がジャケットを見ながら、店員と話している。ここでは店員のせりふの What's your size?「あなたのサイズは何ですか？」を聞き取るのがポイント。英語では L サイズを Large、M サイズを Medium、S サイズを Small と言うことも知っておく。

ANSWER 3

No. 12 14

英文

Man：How do I use this washing machine?
Woman：Push this button first.
Man：This button?

英文訳

男性：この洗濯機はどうやって使うの？
女性：まず、このボタンを押すのよ。
男性：このボタンかい？

選択肢

1 That's too bad.
2 That's right.
3 I'm fine.

選択肢の訳

1 それはお気の毒ね。
2 その通りよ。
3 私は元気よ。

解説 最後の This button? は、その前に出てきた this button を「このボタンですか？」と確認している表現。自然な流れで **2** が正解となる。How do I use ～？は「どのように～を使うのですか？」という意味。washing machine「洗濯機」。machine（マシーン〔məʃíːn〕），button（バトゥン〔bʌ́tn〕）の発音は日本語のマシーン、ボタンと違うので注意。

ANSWER 2

会話の応答文選択

イラストを参考にしながら対話と応答を聞き、最も適切な応答を **1**、**2**、**3** の中から一つずつ選びなさい。

No.1 16

No.2 17

No.3 18

No.4 19

No.5 20

No.6 21

No.7 22

No.8 23

No.9 24

No.10 25

No.11 26

No.12 27

No. 1 16

英 文

Boy : Hello. May I speak with Kate?

Woman : Sorry, she's out now.

Boy : Would you take a message?

英文訳

男の子：もしもし。ケイトさんをお願いできますか？

女性：すみませんが、彼女は今、出かけています。

男の子：伝言をお願いできますか？

選択肢

1 Sure.
2 No, thank you.
3 That's right.

選択肢の訳

1 もちろんです。
2 いいえ、けっこうです。
3 その通りです。

解説 最後の Would you take a message?「伝言をお願いできますか？」は伝言を依頼する表現である。ほかに電話での会話でよく使われる、Hello.「もしもし」、May I speak with ～?「～さんをお願いできますか？」も知っておく。be out「出かけている」。

ANSWER 1

No. 2 17

英 文

Man : Excuse me, but how can I get to the aquarium?

Woman : You should go there by bus.

Man : How long will it take?

英文訳

男性：すみませんが、水族館へはどう行けばよろしいですか？

女性：バスに乗ってそこへ行くべきです。

男性：時間はどのくらいかかりますか？

選択肢

1 It's 5 kilometers.
2 Get off at 23rd Street.
3 It'll take 20 minutes.

選択肢の訳

1 5kmです。
2 23番通りで降りなさい。
3 20分かかります。

解説 How long will it take? は所要時間をたずねる表現である。long が含まれているので「距離をたずねている」と間違えやすいので注意。距離をたずねる言い方は、How far is it?。最初の how can I get to ～? は「～へはどのように行けばよいですか？」。should は相手に提案する文で使われ、「～すべき」という意味。

ANSWER 3

No.3 18

英　文

Girl：When's the next band practice?
Boy：It's on Friday.
Girl：Good. I can't wait.

英文訳

女の子：次のバンド練習はいつ？
男の子：金曜日だよ。
女の子：わかった。待ちきれないわ。

選択肢

1 I want to be a dancer.
2 Don't be late.
3 It's two o'clock now.

選択肢の訳

1 私はダンサーになりたい。
2 遅れるなよ。
3 今は２時です。

解説 バンドの練習について会話をしていることをまずおさえる。女の子が I can't wait.「待てない」と言っているのは、「待ちきれない」と楽しみにしている意味。**1**・**3** ともに会話が成り立たないので、Don't be late.「遅れるなよ」と軽く忠告している **2** がここでは適切。

ANSWER **2**

No.4 19

英　文

Woman：How did you like this movie?
Man：I really liked it.
Woman：So did I. The actors were very good.

英文訳

女性：この映画どうだった？
男性：本当に気に入ったよ。
女性：私もそう思った。俳優たちがとてもよかったわね。

選択肢

1 I think so, too.
2 Yes, I do.
3 No, I don't.

選択肢の訳

1 ぼくもそう思うよ。
2 はい、そうです。
3 いいえ、違います。

解説 **1** の I think so, too. は、I think the actors were very good, too.「ぼくも俳優たちがとてもよかったと思う」ということ。最初の How did you like ～？は「～はどうでしたか？」と相手の感想を求める表現。次の男性のせりふ really は liked を強調して、「本当に気に入った」となる。So did I. は直前の文 I really liked it. と自分も同じであるという意味。

ANSWER **1**

頻出度B 会話の応答文選択 解答・解説

No.5 20

英文

Woman：Which bus goes to the City Hospital?
Man：Take Bus No. 15.
Woman：Thank you.

英文訳

女性：どのバスが市立病院へ行きますか？
男性：15番のバスに乗ってください。
女性：ありがとう。

選択肢

1 Thank you.
2 No, thank you.
3 You're welcome.

選択肢の訳

1 ありがとう。
2 いいえ、けっこうです。
3 どういたしまして。

解説 お礼を言われたときに返す言葉を選ぶ。You're welcome. は「あなたは歓迎されている」という意味がもとになって「どういたしまして」の意味で使われるようになった。お礼の言葉に応じる決まり文句としてほかに、Not at all. や That's OK. も覚えておく。

ANSWER 3

No.6 21

英文

Man：I went fishing last Sunday.
Woman：That's nice.
Man：How was your weekend?

英文訳

男性：この前の日曜日、つりに行ってきたんだ。
女性：いいわね。
男性：あなたの週末はどうでしたか？

選択肢

1 Good. He can play the violin.
2 Good. You read newspapers every day.
3 Good. I went cycling with my friends.

選択肢の訳

1 よかったです。彼はバイオリンを弾くことができます。
2 よかったです。あなたは新聞を毎日読みます。
3 よかったです。私は友だちとサイクリングに行ってきました。

解説 男性の質問 How was your weekend? を確実に聞き取ること。週末についてたずねられているので、**1**・**2** の内容は不適切。That's nice.「いいね」。

No.7 22

英　文

Girl：I like making sweets.
Boy：Did you make these cookies?
Girl：Yes. I made them this morning. Do you want some?

英文訳

女の子：私はおかしを作るのが好きなの。
男の子：このクッキーも君が作ったの?
女の子：ええ。今朝作ったの。少しほしい?

選択肢

1 I don't know.
2 Yes, please.
3 These are my cookies.

選択肢の訳

1 私にはわかりません。
2 うん、お願いします。
3 これらはぼくのクッキーだよ。

解説 Do you want some?「少しほしい?」は親しい間柄で気楽に使う表現。丁寧に言うなら Would you like some? となる。手作りクッキーを勧められたその答えとして適切なものを選べばよい。

ANSWER 2

No.8 23

英　文

Girl：Hi, Mike.
Boy：Oh, hi, Judy. What happened?
Girl：I broke my leg last week.

英文訳

女の子：こんにちは、マイク。
男の子：ああ、やあ、ジュディー。どうしたの?
女の子：先週、脚を骨折したの。

選択肢

1 That's too bad.
2 I'm glad to hear that.
3 Thank you.

選択肢の訳

1 それはお気の毒に。
2 それを聞いてうれしいよ。
3 ありがとう。

解説 break one's leg で「～の脚を骨折する」という表現。骨折したのは対話より前の時点なので、broke と過去形が使われている。悪い知らせを聞いたときの応答表現 That's too bad.「それはお気の毒に」を選ぶ。逆にいい知らせを聞いたときは、**2** のように I'm glad to hear that. と言う。

ANSWER 1

No.9 24

英文

Man：Do you have any plans for your winter vacation?
Woman：Yes, I will go to Hokkaido.
Man：Sounds nice! What will you do there?

英文訳

男性：冬休みの計画はあるの？
女性：ええ、北海道に行くつもりよ。
男性：すてきだね！ そこで何をするつもりなの？

選択肢

1 I want to be a nurse.
2 It's very cold.
3 I'll go skiing.

選択肢の訳

1 看護師になりたい。
2 とても寒い。
3 スキーをするの。

解説 What で始まる疑問文であることを聞き取るのがポイント。Hokkaido に引っ張られて 2「とても寒い」を選ばないように注意。Sounds nice.「いいね」「すてきだね」は相手に同意したりほめるときの表現。似た表現に Sounds good. もあるのでおさえておく。

ANSWER 3

No.10 25

英文

Father：Let's go camping next Saturday.
Girl：OK, but I have a piano lesson.
Father：What time will your piano lesson finish?

英文訳

父親：次の土曜日、キャンプに行こう。
女の子：いいわね、でもピアノのレッスンがあるの。
父親：ピアノのレッスンは何時に終わるの？

選択肢

1 At two o'clock.
2 Every Saturday.
3 Next Saturday.

選択肢の訳

1 2時です。
2 毎週土曜日です。
3 次の土曜日です。

解説 父親の質問の文頭 What time「何時」を聞き取れれば簡単に解ける。疑問詞で始まる疑問文が出てきたときは、何をたずねられているかに集中して2回目を聞き、確実に答えよう。

No. 11 26

英　文

Boy：What time is it now?
Girl：Oh! It's 2:40!
Boy：We're late for the concert.

英文訳

男の子：今、何時？
女の子：まあ！ 2時40分よ！
男の子：コンサートに遅れるよ。

選択肢

1 That's great.
2 Let's hurry!
3 Me, too.

選択肢の訳

1 すばらしいわ。
2 急ぎましょう！
3 私もよ。

解説 会話の様子から焦っている状況をとらえる。男の子が We're late for the concert. と言っているので、コンサートに遅れそうであることを把握する。**1**・**3** ともに会話が成り立たないため不可。hurry は「急ぐ」という意味。

No. 12 27

英　文

Man：This T-shirt is very nice, and it's only 500 yen.
Woman：Yes, but I won't buy it.
Man：Why not?

英文訳

男性：このTシャツはとてもいいよ、しかもたった500円。
女性：ええ、でも買わないわ。
男性：どうして？

選択肢

1 I don't like music.
2 I don't like the color.
3 I like T-shirts.

選択肢の訳

1 音楽が好きじゃないのよ。
2 色が好きじゃないのよ。
3 私はTシャツが好きよ。

解説 男性がとてもよくて値段も安いTシャツを女性に薦めるが、女性は買わないと答えている。Why not?「どうして〜ではないの？」は、直前の否定文の理由をたずねる表現。応答として、女性が買わない理由を選ぶ。女性のせりふにある won't (will not の短縮形) と want「〜がほしい」は発音が似ているので、聞き取りに注意。Yes に続く but が聞き取れれば won't の方だとわかる。

ANSWER 2

会話の内容一致選択

対話と質問を聞き、その答えとして最も適切なものを、**1**、**2**、**3**、**4** の中から一つ選びなさい。

No. 1

29

1 He'll cook dinner.
2 He'll play the piano.
3 He'll study for a math test.
4 He'll have a math test.

No. 2

30

1 By bike.
2 By car.
3 By bus.
4 She'll walk.

No. 3

31

1 Today.
2 Yesterday.
3 On Saturday.
4 On Sunday.

No. 4

32

1 To the bookstore.
2 To the library.
3 To the restaurant.
4 To the bakery.

Point

●先に選択肢に目を通しておこう。

No.5

33

1 A skirt.
2 A hat.
3 Some presents.
4 Some bags.

No.6

34

1 Today.
2 Two years ago.
3 For a week.
4 Last Sunday.

No.7

35

1 Tomorrow's weather.
2 The post office.
3 Their plans for next Saturday.
4 Their plans for today.

No.8

36

1 Blue.
2 Orange.
3 A sweater.
4 A new sweater.

No.9

37

1 Fifty.
2 Twenty.
3 Thirteen.
4 Fifteen.

No.10

38

1 She did her homework.
2 She slept a lot.
3 She went to bed.
4 She was tired.

No.11

39

1 Simon's mother.
2 Jim's mother.
3 Jim and his mother.
4 Simon and Jim.

No.12

40

1 Because she went fishing every day.
2 Because she climbed mountains every day.
3 Because she went skiing every day.
4 Because she caught a cold.

頻出度A 会話の内容一致選択 解答・解説

No. 1 29

英文

A：We'll have a math test tomorrow, John.
B：Yeah, I have to study tonight.
A：Let's study together. Come to my house.
B：OK, Beth.
Question：What will John do at Beth's house?

英文訳

A：明日数学のテストがあるわね、ジョン。
B：うん、今夜は勉強しなくちゃね。
A：一緒に勉強しましょう。うちに来て。
B：わかったよ、ベス。
質問：ジョンはベスの家で何をしますか？

選択肢の訳

1 夕食を作る。
2 ピアノを弾く。
3 数学のテストに向けて勉強する。
4 数学のテストがある。

解説 ベスの Let's study together. を聞き取ることがポイント。together は「一緒に」。math test の語句だけで **4** を選ばないように注意。have a math test で「数学のテストがある」という表現。

ANSWER 3

No. 2 30

英文

A：Kate, it's raining now.
B：Oh, no! I wanted to go to the library by bike.
A：Why don't you walk there with your new umbrella?
B：OK, I will.
Question：How will Kate go to the library?

英文訳

A：ケイト、今、雨が降ってるよ。
B：あら、やだ！ 図書館に自転車で行きたかったのに。
A：新しい傘をさして歩いていくのはどうだい？
B：うん、そうするわ。
質問：ケイトはどのようにして図書館へ行きますか？

選択肢の訳

1 自転車で。
2 車で。
3 バスで。
4 歩いていきます。

解説 How ～ go? で「どのように行きますか？」と交通手段をたずねる表現。I wanted to go to the library by bike. とケイトは言っている。しかし、実際には、Why don't you walk there with your new umbrella? を受け、OK, I will.「はい、そうします」と答えている。雨が降ってきたために、予定を変更する状況をつかみたい。by ＋ 乗り物で「(乗り物) で」と交通手段を表す。

ANSWER 4

No.3 31

英文

A：Can you play tennis today, Tom?
B：I'm busy today. How about this weekend?
A：OK. I can play on Saturday.
B：Sure. See you then.
Question：When will they play tennis?

英文訳

A：今日テニスをしない、トム？
B：今日は忙しいんだよ。今週末はどう？
A：いいよ。土曜日ならできるわ。
B：うん。そのときにね。
質問：彼らはいつテニスをしますか？

選択肢の訳

1 今日。
2 昨日。
3 土曜日。
4 日曜日。

解説 テニスをいつするかについて話している。How about this weekend? という問いに OK. と返しているのを聞き逃さないこと。その後 Saturday という語があるのも聞き取る。How about ～？ は「～はどうですか？」と相手に提案する表現。weekend「週末」。

ANSWER 3

No.4 32

英文

A：Did you go to the new bookstore last Sunday, George?
B：Yes. It's big.
A：Did you buy any books?
B：Yes. I bought a comic book.
Question：Where did George go?

英文訳

A：この前の日曜日に新しい書店に行ったの、ジョージ？
B：うん。大きかったよ。
A：何か買った？
B：うん。マンガを買ったよ。
質問：ジョージはどこへ行きましたか？

選択肢の訳

1 書店へ。
2 図書館へ。
3 レストランへ。
4 パン屋へ。

解説 Did you go to the new bookstore～？ とたずねられて、ジョージは Yes.「はい」と答えている。また、I bought a comic book. から、本を購入したことがわかるので、**2** の「図書館へ」は誤り。まぎらわしい選択肢に惑わされないこと。

ANSWER 1

No.5 33

(英　文)

A：That's a nice skirt, Linda.
B：Thanks. I bought it yesterday.
A：Did you buy the hat, too?
B：No, it was a present from my mother.
Question：What did Linda buy yesterday?

(英文訳)

A：君のスカートすてきだね、リンダ。
B：ありがとう。昨日買ったの。
A：その帽子も買ったの？
B：いいえ、母からのプレゼントよ。
質問：昨日リンダは何を買いましたか？

(選択肢の訳)

1 スカート。
2 帽子。
3 いくつかのプレゼント。
4 いくつかのかばん。

(解説) I bought it yesterday. の it はその前の A のせりふにある skirt「スカート」のこと。日本語の「スカート」と発音がやや異なるので聞き取りに注意。bought は buy「～を買う」の過去形。不規則動詞なので、活用をしっかり覚えておきたい。乗り物の「ボート」(boat) と間違えないこと。

ANSWER 1

No.6 34

(英　文)

A：When did you come back from your trip, Mike?
B：Last Sunday.
A：Where did you go?
B：To Hong Kong.
Question：When did Mike come back?

(英文訳)

A：いつ旅行から帰ってきたの、マイク？
B：この前の日曜日だよ。
A：どこへ行っていたの？
B：香港だよ。
質問：マイクはいつ帰ってきましたか？

(選択肢の訳)

1 今日。
2 2年前。
3 1週間。
4 この前の日曜日。

(解説) 質問文の When「いつ」を正しく聞き取らなければいけない。When did you come back ～？ に対して Last Sunday. と答えているのを聞き取ること。
3 の For a week. は「1週間」という意味で期間を表しているので when に対する答えとしては誤り。

No.7 35

英文

A：Let's go cycling next Saturday.
B：Yes, it'll be sunny.
A：How about meeting at the post office?
B：OK. See you then.
Question：What are they talking about?

英文訳

A：次の土曜日にサイクリングに行きましょう。
B：いいね、晴れるそうだよ。
A：郵便局で待ち合わせしない？
B：いいよ。そのときにね。
質問：彼らは何について話していますか？

選択肢の訳

1 明日の天気。
2 郵便局。
3 次の土曜日の計画。
4 今日の計画。

解説 Let's go cycling next Saturday. を聞き逃さないこと。郵便局はサイクリングの待ち合わせ場所なので、**2** は誤り。sunny は明日ではなく土曜日の天気のことなので、**1** も不適切。post office「郵便局」。

ANSWER 3

No.8 36

英文

A：May I help you?
B：I'm looking for a sweater.
A：How about this orange one?
B：Oh, that's cool. I like orange.
Question：What color does the girl like?

英文訳

A：いらっしゃいませ。
B：セーターを探しています。
A：このオレンジ色のものはいかがでしょうか？
B：まあ、すてき。私、オレンジ色が好きなの。
質問：女の子は何色が好きですか？

選択肢の訳

1 青色。
2 オレンジ色。
3 セーター。
4 新しいセーター。

解説 質問文の What color does the girl like? をしっかりと聞き取ること。I like orange. とあるので **2** を選べばよい。May I help you? は「いらっしゃいませ」「何かご用はありますか？」という意味の慣用表現。買い物のシーンで使われるので、反応できるようにしておく。

ANSWER 2

No.9 37

（英 文）

A：Tomorrow is my birthday, Tim.

B：Oh, happy birthday, Peggy. How old will you be?

A：I'll be fifteen.

B：Really? You're the same age as my sister.

Question：How old is Tim's sister?

（英文訳）

A：明日は私の誕生日なの、ティム。

B：おや、お誕生日おめでとう、ペギー。何歳になるの？

A：15歳になるのよ。

B：本当？ ぼくの妹（姉）と同じ歳だね。

質問：ティムの妹（姉）は何歳ですか？

（選択肢の訳）

1 50歳。 **2** 20歳。

3 13歳。 **4** 15歳。

（解説）質問文の How old ～？ は「～は何歳ですか？」と年齢をたずねる表現。質問ではティムの妹（姉）の年齢をたずねている。ペギーが I'll be fifteen.「15歳になるのよ」と答えた後に、ティムが the same age as my sister「ぼくの妹（姉）と同じ歳」と言っているのを聞き取る。the same … as ～「～と同じ…」。

ANSWER 4

No.10 38

（英 文）

A：I had a lot of homework last night.

B：Did you finish it?

A：Yes, but I didn't sleep at all.

B：Sorry to hear that.

Question：What did the girl do last night?

（英文訳）

A：昨夜はたくさん宿題があったわ。

B：終わったの？

A：ええ、でも一睡もしていないわ。

B：それはお気の毒に。

質問：少女は昨夜、何をしましたか？

（選択肢の訳）

1 彼女は宿題をした。 **2** 彼女はたくさん眠った。

3 彼女は寝た。 **4** 彼女は疲れていた。

（解説）女の子がたくさん宿題をしたという内容。Did you finish it?「それ（宿題）は終わった？」との問いに Yes「はい」と答えていることから、宿題をしていたことがわかる。その後、I didn't sleep at all「私は少しも眠っていない」と続く。宿題はしたが、眠らなかったということ。not ～ at all「少しも～ない」。

ANSWER 1

第5章 リスニング問題・会話の内容一致選択 A

No. 11 39

(英 文)

A：What did you do today, Simon?
B：I played soccer with Jim, Mom.
A：Did you enjoy it?
B：Yes. We played for two hours.
Question：Who played soccer?

(英文訳)

A：今日は何をしたの、サイモン？
B：ジムとサッカーをしたよ、お母さん。
A：楽しかった？
B：うん。2時間もしたよ。
質問：誰がサッカーをしましたか？

(選択肢の訳)

1 サイモンの母親。
2 ジムの母親。
3 ジムと母親。
4 サイモンとジム。

(解説) サイモンが I played soccer with Jim「ジムとサッカーをした」と言っているので、**4** が正解。I played soccer with Jim, Mom. の最後の Mom「お母さん」は呼びかけで、**3** の「ジムと母親」と間違えないように。

ANSWER 4

No. 12 40

(英 文)

A：What did you do on your vacation, Wendy?
B：I went to Switzerland for a week. But I was very tired.
A：Why?
B：We climbed mountains every day.
Question：Why was Wendy tired?

(英文訳)

A：お休みに何をしたの、ウェンディー？
B：スイスに1週間行ってきたの。でもとても疲れたわ。
A：どうして？
B：毎日山に登ったのよ。
質問：なぜウェンディーは疲れたのですか？

(選択肢の訳)

1 毎日つりへ行ったから。
2 毎日山に登ったから。
3 毎日スキーへ行ったから。
4 かぜをひいたから。

(解説) A の Why? に対して、We climbed mountains every day.「毎日山に登ったのよ」とあることから、ウェンディーは毎日の山登りで疲れたことがわかる。on one's vacation「～の休みに」、Switzerland「スイス」。

ANSWER 2

会話の内容一致選択

対話と質問を聞き、その答えとして最も適切なものを、**1**、**2**、**3**、**4** の中から一つ選びなさい。

No. 1 42

1 Twice a week.
2 Every day.
3 Six times a week.
4 On Wednesdays and Sundays.

No. 2 43

1 At 6.
2 At 6:30.
3 At 9.
4 At 9:30.

No. 3 44

1 Her mother's watch.
2 Her mother's new watch.
3 Her new watch.
4 Her old watch.

No. 4 45

1 She has difficult homework.
2 She can't eat lunch.
3 Her father can't help her.
4 Her father will eat lunch.

No.5

46

1 Because she had a headache.
2 Because her father had a headache.
3 Because she had a cold.
4 Because she slept well.

No.6

47

1 To Grandmother's house.
2 To the supermarket.
3 To his friend's house.
4 To the station.

No.7

48

1 The blue one.
2 The red one.
3 Laura's one.
4 That bag.

No.8

49

1 Sing together.
2 Go to the concert.
3 Watch TV.
4 Go shopping.

No.9

50

1 Watch dramas on TV.
2 Play soccer.
3 Watch soccer games on TV.
4 Read comic books.

No.10

51

1 Just around the next corner.
2 Just around the second corner.
3 Behind the second building.
4 He doesn't know.

No.11

52

1 It's rainy.
2 It's not warm.
3 It's sunny.
4 It's hot.

No.12

53

1 An apple pie.
2 A cheeseburger and coffee.
3 A cheeseburger and milk.
4 Two cheeseburgers.

頻出度B 会話の内容一致選択 解答・解説

No. 1 42

英　文

A：Are you in a club?
B：Yes, I'm a member of the tennis club.
A：Do you play every day?
B：No.　We don't play on Sundays.
Question：How often does the boy play tennis?

英文訳

A：クラブに入っているの？
B：うん、テニスクラブのメンバーだよ。
A：毎日やっているの？
B：いや。日曜日はしないんだ。
質問：少年はどのくらいの頻度でテニスをしますか？

選択肢の訳

1　1週間に2回。
2　毎日。
3　1週間に6回。
4　水曜日と日曜日。

解説 Do you play every day? との問いに No.「いいえ」と答えていることから、Every day.「毎日」ではないことがわかる。その後の We don't play on Sundays. に注意。日曜日はテニスをしないということはほかの6日間はしているということなので、**3** を選ぶ。How often ～？「どのくらいの頻度で～？」とたずねているので回数を答える。

ANSWER **3**

No. 2 43

英　文

A：Mom, can I go to a concert with my friends tonight?
B：What time does the concert start?
A：At six o'clock.　I'll be home by nine thirty.
B：OK.
Question：What time does the concert start?

英文訳

A：お母さん、今晩友だちとコンサートに行ってもいい？
B：コンサートは何時に始まるの？
A：6時だよ。9時半までには家に帰ってくるよ。
B：わかったわ。
質問：コンサートは何時に始まりますか？

選択肢の訳

1　6時に。
2　6時半に。
3　9時に。
4　9時半に。

解説 質問文の What time を正確に聞き取って、時刻をたずねていることをつかむ。主語がコンサートであることも大きなポイント。I'll be home by nine thirty.「9時半までには家に帰ってくるよ」の9時半に惑わされないように注意。

ANSWER **1**

No.3 44

英　文

A：Lisa, you look sad. What's wrong?
B：I lost my new watch.
A：That's too bad.
B：I liked it very much.
Question：What did Lisa lose?

英文訳

A：リサ、悲しそうだね。どうしたの？
B：新しい時計をなくしたの。
A：それは残念だね。
B：とても気に入っていたのに。
質問：リサは何をなくしたのですか？

選択肢の訳

1 母親の時計。
2 母親の新しい時計。
3 彼女の新しい時計。
4 彼女の古い時計。

解説 What's wrong? は「どうしたの？」「何かあった？」という意味の慣用表現。これに対し、I lost my new watch.「(私の) 新しい時計をなくしたの」とあることから、答えは **3** 。問いに対する答えを聞き逃さないこと。

ANSWER **3**

No.4 45

英　文

A：I can't finish my homework. It's too hard.
B：Let's do it together after lunch, Sue.
A：Will you help me, Dad?
B：Sure. No problem.
Question：What is Sue's problem?

英文訳

A：宿題が終わらない。難しすぎるよ。
B：昼食の後、一緒にやろうか、スー。
A：手伝ってくれるの、お父さん？
B：もちろん。大丈夫だ。
質問：スーの問題は何ですか？

選択肢の訳

1 彼女は難しい宿題がある。
2 彼女は昼食をとれない。
3 彼女の父親は彼女を手伝えない。
4 彼女の父親は昼食をとるでしょう。

解説 質問の problem は「問題」という意味。冒頭で I can't finish my homework. It's too hard.「宿題が終わらない。難しすぎるよ」とスーが言っているので、これが質問にあるスーの問題の内容。「難しい」を会話の中では hard で、**1** では difficult で表していることにも注意。No problem. は「大丈夫です」。

ANSWER **1**

No.5 46

英文

A：You don't look good, Anna.
B：I have a headache.
A：Take this medicine.
B：Thanks.
Question：Why did Anna take the medicine?

英文訳

A：調子が悪そうだね、アンナ。
B：頭痛がするの。
A：この薬を飲みなさい。
B：ありがとう。
質問：アンナはなぜ薬を飲んだのですか？

選択肢の訳

1 彼女は頭痛がしたから。
2 彼女の父親は頭痛がしたから。
3 彼女はかぜをひいたから。
4 彼女はよく眠ったから。

解説 don't look goodで、「調子よく見えない ＝ 調子がよくなさそう」の意味。それに続く、I have a headache.「頭痛がする」が質問にあるアンナが薬を飲んだ理由にあたる。headache は **1** と **2** にあるので、**1** の she を聞き取る。take medicine「薬を飲む」。

ANSWER **1**

No.6 47

英文

A：Mom, are you going shopping today?
B：No. I'm going to Grandmother's house this afternoon.
A：Can I go with you?
B：Of course.
Question：Where is the boy going?

英文訳

A：お母さん、今日は買い物に行くの？
B：いいえ。午後におばあちゃんの家に行くの。
A：ぼくも一緒に行っていい？
B：もちろん。
質問：少年はどこへ行きますか？

選択肢の訳

1 祖母の家へ。
2 スーパーマーケットへ。
3 彼の友だちの家へ。
4 駅へ。

解説 母親が I'm going to Grandmother's house「おばあちゃんの家に行くの」と言ったのを受けて、Can I go with you?「ぼくも一緒に行っていい？」と少年が聞いているので、正解は **1** 。go shopping「買い物に行く」、of course「もちろん」。

ANSWER **1**

No.7 48

英文

A：Laura, is this blue bag yours?
B：No. Mine is the red one.
A：Oh, your bag is nice!
B：Thank you. This was a birthday present from Dad.
Question：Which bag is Laura's?

英文訳

A：ローラ、この青いかばんはあなたの？
B：いいえ。私のは赤いのよ。
A：ああ、あなたのかばんはすてきだね！
B：ありがとう。父からの誕生日プレゼントだったの。
質問：どちらのかばんがローラのものですか？

選択肢の訳

1 青いかばん。
2 赤いかばん。
3 ローラのかばん。
4 あのかばん。

解説 最初の is this blue bag yours という問いに、No.「いいえ」と答えた後、Mine is the red one.「私の（かばん）は赤いのよ」と言っているので、ローラのかばんは赤いとわかる。**3**・**4** の選択肢は会話が成り立たないので不可。

No.8 49

英文

A：Are you going to the concert tomorrow, Mary?
B：Yes. My favorite singer will sing. How about you?
A：I'm going, too. Let's go together.
B：Sure.
Question：What will they do tomorrow?

英文訳

A：明日コンサートに行くの、メアリー？
B：うん。私の好きな歌手が歌うの。あなたはどう？
A：ぼくも行くよ。一緒に行こうよ。
B：ええ。
質問：彼らは明日、何をしますか。

選択肢の訳

1 一緒に歌う。
2 コンサートへ行く。
3 テレビを見る。
4 買い物へ行く。

解説 最初の Are you going to the concert tomorrow, Mary?「明日コンサートに行くの、メアリー？」に対して、Yes.「うん（はい）」と答えている部分、そしてHow about you?「あなたはどうですか？」に対して I'm going, too.「私も行きます」と答えている部分を聞き取って、会話の流れをつかむ。favorite「お気に入りの」。

ANSWER **2**

No.9 50

英文

A：What do you like to do in your free time, Paul?
B：I like watching soccer games on TV. How about you, Beth?
A：I like reading comic books.
B：That's interesting.
Question：What does Paul like to do?

英文訳

A：暇なときには何をするのが好きなの、ポール？
B：テレビでサッカーの試合を見るのが好きだよ。君は、ベス？
A：マンガを読むのが好きよ。
B：それはおもしろいね。
質問：ポールは何をするのが好きですか？

選択肢の訳

1 テレビでドラマを見ること。
2 サッカーをすること。
3 テレビでサッカーの試合を見ること。
4 マンガを読むこと。

解説 What do you like to do ～?「～に何をするのが好き？」というはじめの質問が会話の話題を決定している。ポールの I like watching soccer games on TV.「テレビでサッカーの試合を見るのが好き」と、ベスの I like reading comic books.「マンガを読むのが好き」を区別して聞き取ろう。

ANSWER 3

No.10 51

英文

A：Excuse me, but is there a post office around here?
B：Yes, it's just around the second corner.
A：Thanks.
B：You're welcome.
Question：Where's the post office?

英文訳

A：すみませんが、このあたりに郵便局はありますか？
B：はい、２番目の角を曲がったところにあります。
A：ありがとう。
B：どういたしまして。
質問：郵便局はどこにありますか？

選択肢の訳

1 次の角を曲がったところ。
2 ２番目の角を曲がったところ。
3 ２番目の建物の裏側。
4 彼は知らない。

解説 Aの is there ～ around here? は、(何かの) 場所を問うときの基本表現。a post office「郵便局」、a police station「交番」、a bank「銀行」などを覚えておこう。Bのaround ～ corner は「～番目の角を曲がったところ」。just は「ちょうど」と強調するときに使い、ここでは角を曲がってすぐのところを強調している。Thanks.「ありがとう」、You're welcome.「どういたしまして」は感謝の言葉とそれに応える言葉。

ANSWER 2

No. 11 52

英　文

A：It's raining.
B：Yeah, but it's not so cold.
A：I want to go out and play baseball.
B：It will stop raining tonight, so it will be sunny tomorrow.
Question：How is the weather today?

英文訳

A：雨が降っているね。
B：ええ、でもそんなに寒くはないわね。
A：外で野球がしたいな。
B：今夜、雨がやむわ、だから明日は晴れるでしょう。
質問：今日の天気はどうですか？

選択肢の訳

1 雨。
2 暖かくない。
3 晴れ。
4 暑い。

解説 質問の How is the weather ～？は「～の天気はどう？」と天候をたずねるときの表現。A の言葉から、今は雨が降っていることがわかる。sunny「晴れ」、cloudy「くもり」、rainy「雨」など、天気を表す基本表現は覚えておく。stop ～ ing「～することをやめる」。

ANSWER 1

No. 12 53

英　文

A：Hello.　May I help you?
B：Yes.　I'll have a cheeseburger, please.
A：Sure.　Would you like something to drink?
B：Yes.　I'll have coffee.
Question：What did the boy order?

英文訳

A：こんにちは。何にいたしましょうか。
B：はい。チーズバーガーを一つください。
A：かしこまりました。飲み物はいかがですか？
B：はい。コーヒーをください。
質問：男の子は何を注文しましたか？

選択肢の訳

1 アップルパイ。
2 チーズバーガーとコーヒー。
3 チーズバーガーと牛乳。
4 チーズバーガーを二つ。

解説 ハンバーガーショップでの注文の場面を頭に思い浮かべる。I'll have ～．で「～を買います」という表現。B がチーズバーガーを注文した後、Would you like something to drink?「飲み物はいかがですか？」と聞かれ、コーヒーを頼んでいるのを聞き取る。something to drink「飲み物」。

文の内容一致選択

英文と質問を聞き、その答えとして最も適切なものを **1**、**2**、**3**、**4** の中から一つ選びなさい。

No.1

55

1 One.
2 Two.
3 Five.
4 Seven.

No.2

56

1 It was sunny.
2 It was rainy.
3 It was cloudy.
4 It was windy.

No.3

57

1 To France.
2 To Japan.
3 To enjoy shopping.
4 To enjoy visiting old cities.

No.4

58

1 Marty.
2 George.
3 George's friends.
4 Japanese friends.

Point

● 1回目では文章全体を把握し、2回目では質問のポイントをしっかり聞き取ろう。

No.5

59

1 Because Kyoto has a famous temple.
2 Because Kyoto has a lot of wonderful temples.
3 Because Kyoto has an interesting place.
4 Because Kyoto is a famous city.

No.6

60

1 Last winter.
2 To Thailand.
3 With her family.
4 For a week.

No.7

61

1 Mark is.
2 Ray is.
3 They are members of the volleyball club.
4 Mark isn't a tall boy.

No.8

62

1 Her aunt.
2 Her aunt's pets.
3 Her friends.
4 Her aunt's friends.

頻出度 A 文の内容一致選択

63

1 At the supermarket.
2 At the shop near their house.
3 At the shop near the station.
4 At the station.

No.10

64

1 He did his homework.
2 He took a bath.
3 He watched TV.
4 He ate dinner.

No.11

65

1 An hour.
2 Three hours.
3 Four hours.
4 At around twelve o'clock.

No.12

66

1 Find her racket.
2 See her grandparents.
3 Buy a birthday present.
4 Take her racket to school.

No. 1 55

英 文

Yesterday, Eric went to a bookstore to buy some comic books. He bought five Japanese comic books and two English comic books. He read one of them before dinner.

Question：How many English comic books did Eric buy?

英文訳

昨日、エリックは書店へマンガを買いに行った。彼は5冊の日本語のマンガと2冊の英語のマンガを買った。夕食前にそれらのうちの1冊を読んだ。

質問：エリックは英語のマンガを何冊買いましたか？

選択肢の訳

1 1冊。
2 2冊。
3 5冊。
4 7冊。

解説 質問が How many ～？「いくつの～？」なので、数をたずねていることをまずつかむ。文中に five Japanese comic books「5冊の日本語のマンガ」、two English comic books「2冊の英語のマンガ」、one of them「それらのうちの1冊」など、たくさんの数字が出てくるので、メモを取って整理する。質問では英語のマンガを買った数をたずねているので、**2** が正解。

ANSWER **2**

No. 2 56

英 文

Fred wanted to play baseball with his friends last Saturday, but it rained all day. So he went to the library.

Question：How was the weather last Saturday?

英文訳

フレッドは、この前の土曜日に友だちと野球をしたかったが、一日中雨が降っていた。だから図書館へ行った。

質問：この前の土曜日の天気はどうでしたか？

選択肢の訳

1 晴れでした。
2 雨でした。
3 くもりでした。
4 風が強かった。

解説 はじめに Fred wanted to play baseball「フレッドは野球がしたかった」とあるが、but it rained all day「しかし一日中雨が降っていた」とあり、野球ができなかったことが推測できる。そして、実際にしたことが3行目の So 以下の he went to the library「図書館へ行った」とわかる。質問が How was the weather ～？と天気をたずねているので、**2** の「雨でした」が適切。

ANSWER **2**

No.3 57

英文

Mr. and Mrs. Johnson like traveling. Last year they went to France and enjoyed shopping. This year they will go to Japan and enjoy visiting old cities there.

Question：Where will Mr. and Mrs. Johnson go this year?

英文訳

ジョンソン夫妻は旅行が好きだ。昨年はフランスへ行って買い物を楽しんだ。今年は日本で古い町を訪れることを楽しむ予定だ。

質問：ジョンソン夫妻は今年、どこへ行く予定ですか？

選択肢の訳

1 フランスへ。
2 日本へ。
3 買い物を楽しむこと。
4 古い町を訪れるのを楽しむこと。

解説 質問の Where will ～ go? は「～はどこへ行く予定ですか？」と未来のことをたずねる表現。1～2行目の Last year は「昨年」、3行目の This year は「今年」。質問の文末は this year なので、This year they will go to Japan「今年、彼らは日本に行く予定」から **2** が正解。**4** に old cities「古い町」とあるが、To enjoy visiting ～. が「～を訪れるのを楽しむこと」という意味なので、質問の答えとして不適切。

ANSWER 2

No.4 58

英文

Kate has two brothers, Marty and George. Marty lives in Japan. He often sends e-mails to Kate and tells her about Japanese culture.

Question：Who often sends e-mails to Kate?

英文訳

ケイトにはマーティーとジョージという二人の兄弟がいる。マーティーは日本に住んでいる。彼はよくケイトにEメールを送り、彼女に日本の文化について伝えている。

質問：誰がよくケイトにEメールを送りますか？

選択肢の訳

1 マーティー。
2 ジョージ。
3 ジョージの友だち。
4 日本人の友だち。

解説 2～3行目の He often sends e-mails to Kate「彼はよくケイトにEメールを送る」を聞き取れれば難しくない。Kate で文は始まっているが、2行目以降は Marty のことを説明している。send an e-mail は「Eメールを送る」という表現。tell + 人 + about ～ で「(人に) ～について話す」。culture「文化」。

ANSWER 1

No.5 59

（英　文）

My parents like Kyoto very much because there are a lot of wonderful temples. They went there last Sunday, and they will go there next weekend, too.

Question：Why do the girl's parents like Kyoto?

（英文訳）

私の両親は京都が大好きだ、なぜならたくさんのすばらしいお寺があるから。両親はこの前の日曜日に京都へ行ったし、次の週末も行くだろう。

質問：女の子の両親はなぜ京都が好きなのですか？

（選択肢の訳）

1 京都には有名なお寺があるから。
2 京都にはたくさんのすばらしいお寺があるから。
3 京都にはおもしろい場所があるから。
4 京都は有名な都市だから。

（解説）質問は Why「なぜ」で始まっているので、その理由が答えである。1～2行目の because there are a lot of wonderful temples「なぜならたくさんのすばらしいお寺があるから」がそのまま質問の答えになっているので、しっかり聞き取ろう。2行目の there are ～ は「～があります」という意味。3行目の went there の there は「そこ」という場所を表す語。同じ there でも意味が違うので注意。

ANSWER 2

No.6 60

（英　文）

Last winter, Anna and her family went to Thailand. They stayed there for a week. It was her first trip to a foreign country, and she enjoyed it a lot.

Question：How long did Anna and her family stay in Thailand?

（英文訳）

この前の冬、アンナと家族はタイに行った。彼女らはそこに1週間滞在した。彼女にとって初めての海外旅行で、彼女はとても楽しんだ。

質問：アンナと家族はタイにどれくらい滞在しましたか？

（選択肢の訳）

1 この前の冬。
2 タイへ。
3 彼女の家族と一緒に。
4 1週間。

（解説）質問の How long ～？「どれくらい～？」に対応する選択肢は **4** のみ。**1** の last ＋ 時を表す名詞で「この前の～」。foreign country は「外国」、a lot は「とても」の意味。

No.7 61

（英　文）

Mark is a member of the volleyball club. He is a very tall boy, but he is not the tallest in the club. The tallest boy in the club is Ray.

Question：Who is the tallest boy in the volleyball club?

（英文訳）

マークはバレーボール部のメンバーだ。彼はとても背の高い男の子だが、クラブで一番高くはない。クラブで一番背の高い男の子はレイだ。

質問：バレーボール部で一番背の高い男の子は誰ですか？

（選択肢の訳）

1 マークです。
2 レイです。
3 彼らはバレーボール部のメンバーです。
4 マークは背の高い男の子ではありません。

（解説）Who は「誰」と人をたずねる疑問詞。ここでは Who is the tallest boy ～？「～で一番背の高い男の子は誰ですか？」とたずねている。The tallest boy in the club is Ray.「クラブで一番背の高い男の子はレイです」の文から、正解がわかる。tall「背（丈）の高い」。

ANSWER **2**

No.8 62

（英　文）

My aunt has two cats. Their names are Chip and Chop. All of my aunt's friends like playing with them.

Question：What is the girl talking about?

（英文訳）

私のおばは2ひきのねこを飼っている。それらの名前はチップとチョップである。おばの友だちはみんな、それらと遊ぶのが好きだ。

質問：女の子は何について話していますか？

（選択肢の訳）

1 彼女のおば。
2 彼女のおばのペット。
3 彼女の友だち。
4 彼女のおばの友だち。

（解説）このような短文では、出だしで何の話かが示されることが多いので、特に注意して聞いておきたい。英文では「ねこ」となっているが、選択肢では Her aunt's pets.「彼女のおばのペット」となっている。cats を pets と言いかえているので注意する。all of ～ は「～のすべて」。

ANSWER **2**

No.9 63

英　文

I sometimes go shopping with my mother. We went to the supermarket near our house yesterday. Today, we bought some flowers at the shop near the station.

Question：Where did the girl and her mother buy flowers?

英文訳

私はときどき、母と買い物に行く。私たちは昨日、家の近くのスーパーマーケットへ行った。今日は駅の近くの店で花を買った。

質問：女の子と母親はどこで花を買いましたか？

選択肢の訳

1 スーパーマーケットで。
2 彼女たちの家の近くの店で。
3 駅の近くの店で。
4 駅で。

解説 選択肢が場所を示すものなので、英文でも「場所」に集中して聞き取りたい。We went to the supermarket near our house yesterday.「私たちは昨日、家の近くのスーパーマーケットへ行った」とあるが、実際に花を買ったのは、3行目の Today「今日は」以下の部分。つまり the shop near the station「駅の近くの店」である。sometimes「ときどき」。

ANSWER 3

No.10 64

英　文

Yesterday, I came home from school at six thirty. I watched TV a little, and ate dinner. After dinner, I did my homework and took a bath.

Question：What did the boy do before dinner yesterday?

英文訳

昨日、ぼくは6時半に学校から家に帰った。テレビを少し見て、夕食をとった。夕食後、宿題をしてお風呂に入った。

質問：昨日、男の子は夕食の前に何をしましたか？

選択肢の訳

1 彼は宿題をした。
2 彼は風呂に入った。
3 彼はテレビを見た。
4 彼は夕食をとった。

解説 came home → watched TV → ate dinner → did my homework → took a bath という男の子の行動を、時間の流れに沿って聞き取る。質問は before dinner「夕食前」なので、2回目の放送は特に2文目の夕食前の部分を集中して聞く。do one's homework「～の宿題をする」、take a bath「風呂に入る」などの熟語は確実に覚えておく。不規則動詞が使われているので、過去の文では動詞の発音にも注意。

ANSWER 3

No. 11 65

英　文

Billy has a math test tomorrow, so he has to study hard. He's going to study for an hour before dinner and for three hours after dinner. He will go to bed at around twelve o'clock.

Question：How long will Billy study?

英文訳

ビリーは明日数学のテストがあるので一生懸命勉強しなければならない。彼は夕食前に1時間、夕食後に3時間勉強するつもりだ。12時ごろに寝る予定である。

質問：ビリーはどれくらいの時間、勉強しますか？

選択肢の訳

1 1時間。　**2** 3時間。　**3** 4時間。　**4** 12時ごろに。

解説 質問の How long ～？ は「どのくらいの時間～？」と、時間の長さをたずねる表現。文中で、夕食前に an hour「1時間」、夕食後に three hours「3時間」勉強するつもりと説明しているので、合わせて four hours「4時間」勉強する。文中には four hours という言葉が出てこないので、やや難しい問題だが、メモを取り、情報を整理する。

ANSWER 3

No. 12 66

英　文

I can't find my new racket. It's not at home, and it's not at school. It was a birthday present from my grandparents, so I really want to find it.

Question：What does the girl want to do?

英文訳

私は新しいラケットを見つけられない。家にはないし、学校にもない。それは祖父母からの誕生日プレゼントなので、どうしても見つけたい。

質問：女の子は何をしたいのですか？

選択肢の訳

1 ラケットを見つける。
2 祖父母に会う。
3 誕生日プレゼントを買う。
4 ラケットを学校に持っていく。

解説 文末に I really want to find it「私は本当にそれを見つけたい」とある。文中の it は1文目の my new racket「私の新しいラケット」なので、正解は **1**。祖父母からの誕生日プレゼントなので、**3** を選びそうになるが、buy「～を買う」という動詞で始まっているので不適切。grandparents は「祖父母」の意味。

ANSWER 1

文の内容一致選択

英文と質問を聞き、その答えとして最も適切なものを **1**、**2**、**3**、**4** の中から一つ選びなさい。

No. 1 68

1 Next Saturday.
2 In the center garden.
3 At 2 p.m.
4 At 3:30 p.m.

No. 2 69

1 His classmate.
2 His class.
3 His favorite sport.
4 His club.

No. 3 70

1 Have a big game.
2 Buy a new glove.
3 Watch a baseball game.
4 Buy a new bat.

No. 4 71

1 Jane.
2 Her mother.
3 After school.
4 Always.

No.5

72

1 Play soccer.
2 Visit his grandfather.
3 See his grandfather.
4 Meet Bob.

No.6

73

1 Her family.
2 Her friend Jim.
3 To the mountains.
4 To the same school.

No.7

74

1 Her parents.
2 Her brother.
3 Her friend.
4 Her friend's brother.

No.8

75

1 Her school.
2 Her house.
3 A friend.
4 A park.

 76

1 Potatoes.
2 Carrots.
3 Onions.
4 Meat.

No.10

 77

1 Flowers.
2 Her family.
3 The zoo.
4 Elephants.

No.11

 78

1 On Thursday.
2 On Saturday.
3 Twice a week.
4 Twice a month.

No.12

 79

1 By bike.
2 By car.
3 By bus.
4 She walked.

No. 1 68

(英　文)

We will have our school band concert next Saturday. The concert will be in the center garden. It will start at 2:00 p.m. and finish at 3:30 p.m. Tickets are $5.

Question: What time will the concert start?

(英文訳)

次の土曜日にスクールバンドのコンサートがある。コンサートはセンターガーデンで行われる。午後2時開始で午後3時半終了。チケットは5ドルだ。

質問：コンサートは何時に始まりますか？

(選択肢の訳)

1 次の土曜日。
2 センターガーデンで。
3 午後2時に。
4 午後3時半に。

(解説) 質問の What time「何時に」に対応する選択肢は **3**・**4** のみ。3～4行目の英文で開始時刻が 2:00 p.m.「午後2時」、終了時刻が 3:30 p.m.「午後3時半」と説明される。質問の start を確実に聞き取ろう。午前は a.m.。日本語では「午前10時」のように時刻の前に「午前」とつけるが、英語では「10 a.m.」と、数字の後ろに a.m.や p.m.をつける。

ANSWER **3**

No. 2 69

(英　文)

I like Mark very much because he is a good boy. We are classmates. He plays a lot of sports well, and we often play tennis together on weekends.

Question: What is the boy talking about?

(英文訳)

マークはいい奴なので、ぼくは彼が大好きだ。ぼくたちはクラスメートだ。彼はいろんなスポーツが上手で、週末にはよく一緒にテニスをする。

質問：男の子は何について話していますか？

(選択肢の訳)

1 彼のクラスメート。
2 彼のクラス。
3 彼の大好きなスポーツ。
4 彼のクラブ。

(解説) 質問が「何について話しているか」なので、話全体の流れをつかむ必要がある。このような質問は、出だしの部分に特に注意して内容を把握する。I like Mark very much「ぼくはマークが大好きだ」と始まり、We are classmates.「ぼくたちはクラスメートだ」と続くので、マークがクラスメートであるとわかる。a lot of ～「たくさんの～」、on weekends「週末に」。

ANSWER **1**

No.3 70

英 文

Bob is on the baseball team. He has a big game next week. He needs a new glove, so he's going to buy one this weekend.

Question：What will Bob do this weekend?

英文訳

ボブは野球チームに入っている。来週、大事な試合がある。彼は新しいグローブが必要なので、今週末に買うつもりだ。

質問：ボブは今週末、何をしますか？

選択肢の訳

1 大事な試合がある。
2 新しいグローブを買う。
3 野球の試合を見る。
4 新しいバットを買う。

解説 質問の最後の this weekend「今週末」を確実に聞き取ろう。文中で this weekend について話されているのは最後の部分 he's going to buy one this weekend「彼は今週末に買うつもりだ」である。one はその前の a new glove「新しいグローブ」を指している。be on the ～ team「～のチームに入っている」、have a game「試合がある」。

ANSWER **2**

No.4 71

英 文

Lisa goes to her swimming lesson after school. She always has swimming lessons with her younger sister, Jane. Their mother takes them to their lessons.

Question：Who does Lisa always have swimming lessons with?

英文訳

リサは放課後、水泳教室に通っている。彼女はいつも妹のジェーンと一緒に水泳のレッスンを受ける。母親が彼女たちをレッスンに連れていく。

質問：リサはいつも誰と水泳のレッスンを受けますか？

選択肢の訳

1 ジェーン。 **2** 彼女の母親。 **3** 放課後。 **4** いつも。

解説 質問が Who ～ with? という形なので、「誰と一緒に～しますか？」という意味。3行目の with her younger sister, Jane「妹のジェーンと一緒に」が答えになる。**2** の Her mother.「彼女の母親」はレッスンに連れていくのであって、一緒にレッスンを受けるわけではない。take ＋ 人 ＋ to ～「(人)を～へ連れていく」。

ANSWER **1**

No.5 72

英 文

I want to play soccer with Bob today. But my grandfather is coming to see me. So I'll meet Bob tomorrow and play soccer in the park.

Question：What will the boy do today?

英文訳

ぼくは今日、ボブとサッカーがしたい。でも祖父が会いに来る。だから明日ボブに会って、公園でサッカーをするつもりだ。

質問：男の子は今日、何をしますか？

選択肢の訳

1 サッカーをする。
2 祖父を訪ねる。
3 祖父に会う。
4 ボブに会う。

解説 1行目に I want to play soccer with Bob today.「ぼくは今日、ボブとサッカーがしたい」とあるが、実際に今日することの説明は2行目の But 以降。my grandfather is coming to see me「祖父が会いに来る」という状況から推測する。**2** の Visit his grandfather「祖父を訪ねる」は、男の子が祖父を訪問することなので、本文の状況と一致しない。

ANSWER **3**

No.6 73

英 文

Last Sunday, I went to the mountains with my family. I saw my friend Jim there. We went to the same school before. I was very happy to see him.

Question：Who did the girl see last Sunday?

英文訳

この前の日曜日、私は家族で山へ行った。そこで友だちのジムに会った。私たちは以前、同じ学校に通っていた。彼に会えてとてもうれしかった。

質問：この前の日曜日、女の子は誰に会いましたか？

選択肢の訳

1 彼女の家族。
2 彼女の友だちのジム。
3 山へ。
4 同じ学校へ。

解説 質問が Who「誰」で始まっているので、選択肢 **3**・**4** は不適切。2～3行目の I saw my friend Jim there.「そこで友だちのジムに会った」を聞き取ることがポイント。my friend Jim で「友だちのジム」という意味。see「～を見る、～に会う」は不規則動詞で、過去形は saw（ソー〔sɔ́ː〕）。不規則動詞の活用は、発音も含めて確認しておきたい。

ANSWER **2**

No.7 74

英文

My parents bought a computer for me. Today my brother and I were on the Internet for two hours. After that, I wrote an e-mail to my friend John.

Question：Who did the girl write an e-mail to?

英文訳

両親は私にコンピューターを買ってくれた。今日は兄（弟）と私でインターネットを2時間した。その後、私は友だちのジョンにEメールを書いた。

質問：女の子は誰にEメールを書きましたか？

選択肢の訳

1 彼女の両親。
2 彼女の兄（弟）。
3 彼女の友だち。
4 彼女の友だちの兄（弟）。

解説 質問が Who ～ to? の形なので「誰に～？」の意味。最後の文に I wrote an e-mail to my friend John.「私は友だちのジョンにEメールを書いた」とあるので、ここが聞き取れれば難しくない。be on the Internet は「インターネットをする」という表現。wrote（ロウト〔róut〕）は不規則動詞 write「～を書く」の過去形。発音とともに確認しておこう。

ANSWER 3

No.8 75

英文

There is a park near my house and it's really beautiful. I always walk by the park when I go to school. Now we can see many kinds of flowers.

Question：What is the girl talking about?

英文訳

私の家の近くには公園があって、それは本当に美しい。私は学校へ行くとき、いつもその公園のそばを歩く。今はたくさんの種類の花が見られる。

質問：女の子は何について話していますか？

選択肢の訳

1 彼女の学校。
2 彼女の家。
3 友だち。
4 公園。

解説 冒頭の There is a park near my house「私の家の近くに公園がある」が話の方向を決定しているので、比較的簡単に答えられる。by ～は「～のそばに」という意味。4行目の kinds は「種類」の意味で使われている。many kinds of ～で「たくさんの種類の～」という意味。

ANSWER 4

No.9 76

英文

James wants to make curry and rice for dinner. He has potatoes, carrots and onions at home. But he needs some meat. He will go and buy some at the supermarket.

Question：What will James buy at the supermarket?

英文訳

ジェームズは夕食にカレーライスを作りたい。ジャガイモ、ニンジン、タマネギは家にある。しかし肉が必要だ。彼はスーパーマーケットに行き、肉を買うつもりだ。

質問：ジェームズはスーパーマーケットで何を買いますか？

選択肢の訳

1 ジャガイモ。　2 ニンジン。　3 タマネギ。　4 肉。

解説 「カレーライス」は英語で curry and rice と言うので注意。3～4行目の he needs some meat「彼は肉が必要だ」が、答えのカギとなる。最後の文の some は直前の some meat のこと。potato「ジャガイモ」、carrot「ニンジン」、onion「タマネギ」など、身近な野菜の名前も確認しておこう。

ANSWER 4

No.10 77

英文

Karen likes drawing pictures. She often draws pictures of flowers and animals. Next Saturday she will go to the zoo with her family. She wants to draw some elephants there.

Question：What will Karen draw next Saturday?

英文訳

カレンは絵を描くことが好きだ。彼女はよく花や動物の絵を描く。次の土曜日、彼女は家族と動物園に行く。彼女はそこで象を描きたいと思っている。

質問：カレンは次の土曜日、何を描きますか？

選択肢の訳

1 花。　2 彼女の家族。　3 動物園。　4 象。

解説 本文の最後 She wants to draw some elephants there.「そこで彼女は象を描きたいと思っている」を聞き取ろう。draw は「(絵などを) 描く」という意味。冒頭で花や動物の絵を描くことが出てくるが、質問は「次の土曜日」と限定しているので、動物園で描きたいものを選ぶ。zoo「動物園」。

ANSWER 4

No. 11 78

英　文

Jack likes to play the guitar, and Bill likes to play the drums. They are members of the same band, and practice every Thursday and Saturday.

Question：How often do Jack and Bill practice?

英文訳

ジャックはギターを弾くのが好きで、ビルはドラムをたたくのが好きだ。彼らは同じバンドのメンバーで、毎週木曜日と土曜日に練習している。

質問：ジャックとビルはどのくらいの頻度で練習しますか？

選択肢の訳

1 木曜日に。　**2** 土曜日に。　**3** 週２回。　**4** 月２回。

解説 質問の How often ～？は「どのくらいの頻度で～？」と、頻度をたずねる疑問文。文末の every Thursday and Saturday「毎週木曜日と土曜日」を正確に聞き取ろう。**1**・**2** はそれぞれ練習する曜日だが、質問は頻度をたずねているので不適切。**4** の month は「月」という意味。practice「練習する」。

ANSWER **3**

No. 12 79

英　文

I usually go to work by bike on sunny days. But it was raining this morning. I wanted to go by car, but my mother also wanted to use it. So I took the bus.

Question：How did the woman go to work today?

英文訳

私は晴れた日にはふつう自転車で出勤する。しかし今朝は雨。私は自動車で行きたかったが、母親も使いたがっていた。そこで私はバスに乗った。

質問：今日、女性はどのようにして出勤しましたか？

選択肢の訳

1 自転車で。　**2** 自動車で。　**3** バスで。　**4** 彼女は歩いた。

解説 How は「どのように」とたずねる疑問詞。質問の How did the woman go ～？は「女性はどのように行きましたか？」という意味。by ＋ 乗り物で交通手段を表す。晴れた日は by bike「自転車で」、雨だったので自動車で行きたかったが、母親も使いたがっていた。最後の文で I took the bus「私はバスに乗った」とあるので、これが答えとなる。usually「ふつう」、go to work「出勤する」、take the bus「バスに乗る」。

ANSWER **3**

スピーキングテスト

スピーキングテストは、発信する力を伸ばし、使える英語力を身につけるためのテストです。一次試験（筆記・リスニング）とは別のテストで、スピーキングテストの結果は、４級の合否には関係しません。

Point 1 スピーキングテストとは？

① スピーキングテストは、面接委員との対面式ではなく、コンピューター端末を利用した録音形式で行います。

② 受験した回の二次試験日から１年間、いつでも１回のみ受験できます。

③ 自宅や学校で、パソコン、スマートフォン、タブレット端末などから受験できます。

④ 一次試験とは別に、スピーキングテストの合格者には「合格」、不合格者には「不合格」で合否結果が通知されます。成績はスピーキングテスト受験から約１か月後にウェブサイトで確認できます。

Point 2 音読の練習で対策をしよう

まず、英文（パッセージ）とイラストが画面に表示されます。

その後、音声により黙読と音読の指示が出されます。音読では、よく聞こえるようにはっきり読みましょう。

続いて、英語で質問がされます。４級の場合、質問は四つあります。

１問目と２問目は英文（パッセージ）についての質問。英文に登場する人物やものごとについてです。

３問目はイラストについての質問。英文には登場しない、イラストの中の人物やものごとについて問われます。「誰が何をしているか」「何がどこにあるか」などを英語で答えられるようにしておきましょう。

４問目は、英文やイラストに関係した、あなた自身についての質問です。「自分が好きなこと」「自分がなりたい職業」などを英語で言えるように練習しておきましょう。

スピーキングテスト

80~81

● 解答・解説 → P.165

実際のテストでは流れが変わる場合があります。

Ayaka's Dream

Ayaka has piano lessons on Thursdays and Saturdays. She wants to be a famous pianist, so she practices the piano every day at home.

Questions

No.1 Please look at the passage. When are Ayaka's piano lessons?

No.2 What does Ayaka want to be?

No.3 Please look at the picture. Where is the cat?

No.4 Do you have a dream?

Yes. と答えた場合 → What do you want to be?

No. と答えた場合 → What do you like to do?

例題 8 スピーキングテスト

82~83

● 解答・解説 → P.165

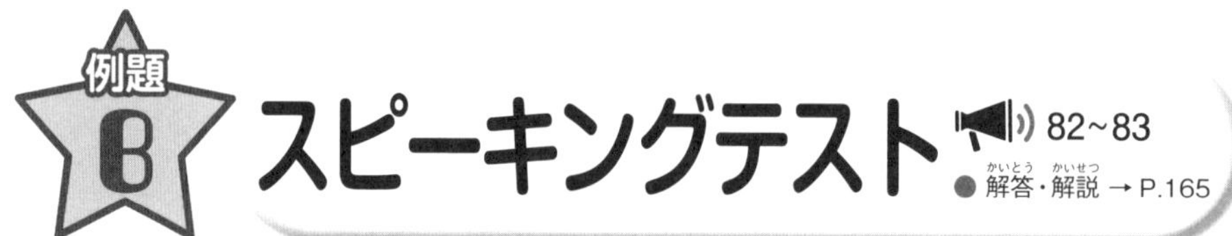

実際のテストでは流れが変わる場合があります。

Hiro's Friend

Hiro is in the basketball club at his junior high school. Hiro's friend, Ryo is in the club, too. They play basketball on Tuesdays. They are good basketball players.

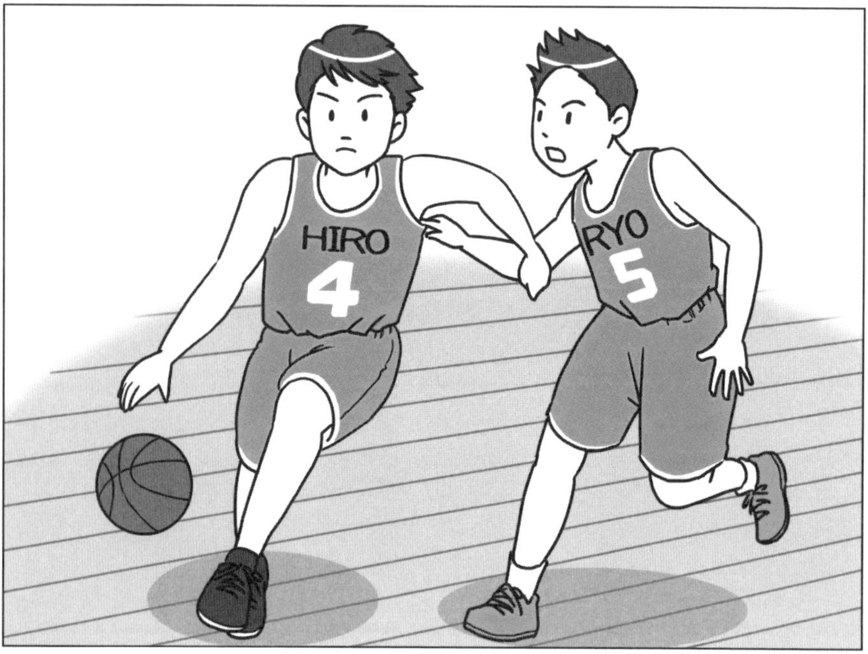

Questions

No.1 Please look at the passage. What is the name of Hiro's friend?

No.2 When do they play basketball?

No.3 Please look at the picture. What is Hiro's number?

No.4 Do you play any sports?

Yes. と答えた場合 → What sports do you play?

No. と答えた場合 → Do you like to watch any sports?

スピーキングテスト 解答・解説

アヤカの夢 80~81

アヤカは木曜日と土曜日にピアノのレッスンがあります。彼女は有名なピアニストになりたいと思っています、だから彼女は毎日、家でピアノを練習します。

No.1 文章を見てください。アヤカのピアノのレッスンはいつですか？
解説 文章を見て答える質問。1文目に Ayaka has piano lessons on Thursdays and Saturdays. とあるので、そこを参考にすると答えられる。
【解答例】They are on Thursdays and Saturdays.

No.2 アヤカは何になりたいと思っていますか？
解説 文章を見て答える質問。She wants to be a famous pianist とある。
【解答例】She wants to be a famous pianist.

No.3 絵を見てください。ねこはどこにいますか？
解説 絵を見て答える質問。アヤカが座っているいすの下にねこがいる。
【解答例】It's under the chair.

No.4 あなたには夢がありますか？　はい。→ 何になりたいですか？
いいえ。→ 何をするのが好きですか？
解説 文章の内容を受け、自由に答える質問。アヤカでなく、自分のことを答えなければならないので注意。無理せず、簡単な英語で答えてミスを防ぐこと。
【解答例】Yes, I do. → I want to be a nurse.
No, I don't. → I like to play computer games.

ヒロの友だち 82~83

ヒロは中学校のバスケットボールクラブに所属しています。ヒロの友だち、リョウもそのクラブに入っています。彼らは火曜日にバスケットボールをします。彼らはよいバスケットボール選手です。

No.1 文章を見てください。ヒロの友だちの名前は何ですか？
解説 文章を見て答える質問。Hiro's friend, Ryo ～ とあるので、そこを参考にする。
【解答例】It's Ryo.

No.2 彼らはいつバスケットボールをしますか？
解説 文章を見て答える質問。3文目、They play basketball on Tuesdays. とある。
【解答例】They play basketball on Tuesdays.

No.3 絵を見てください。ヒロの番号は何番ですか？
解説 絵を見て答える質問。ヒロのユニフォームに4とある。
【解答例】It's four.

No.4 あなたはスポーツをしますか？
はい。→ 何のスポーツをしますか？
いいえ。→ スポーツを見るのが好きですか？
解説 文章の内容を受け、自由に答える質問。ヒロやリョウでなく、自分のことを答えなければならないので注意。基本文はある程度覚えておけばよい。
【解答例】Yes, I do. → I play volleyball.
No, I don't. → I like to watch soccer games.

10年分を総チェック！

試験に出た単語・熟語リスト

本書の第1章とこのリストをおさえれば、過去10年間に「語句空所補充」でよく出た単語・熟語をカバーできます。

単語

□	**airport** 空港、飛行場	He went to the **airport** to watch the airplanes. 彼は飛行機を見るために**空港**に行った。
□	**angry** 怒った	He was **angry** that she had not greeted his aunt. 彼は彼女がおばさんに挨拶しなかったことを**怒った**。
□	**animal** 動物	The panda is a popular **animal** in the zoo. パンダは動物園で人気の**動物**だ。
□	**another** もう一つ、新たな	Do you want **another** donut? ドーナツを**もう一つ**いかがですか？
□	**apartment** アパートの部屋	There are three rooms in my **apartment**. 私の**アパート**には３つの部屋がある。
□	**ask** たずねる	I want to **ask** you about Japanese castles. 私は日本の城について**たずね**たい。
□	**beautiful** 美しい	The mountain is very **beautiful** in autumn. 秋の山はとても**美しい**。
□	**become** ～になる	I **became** good friends with her. 私は彼女と仲良く**なった**。
□	**begin** ～を始める	Let's **begin** ballet lessons. バレエのレッスンを**始め**ましょう。
□	**believe** ～を信じる	My little sister **believes** in Santa Claus. 私の妹はサンタクロースを**信じている**。
□	**born** 生まれた	My son was **born** in Germany. 私の息子はドイツで**生まれた**。
□	**breakfast** 朝食	I have **breakfast** at 7:30 a.m. every morning. 私は毎朝７時半に**朝食**をとる。
□	**bring** ～を持ってくる	She forgot to **bring** her camera. 彼女はカメラを**持ってくる**のを忘れた。

単語	例文
☐ **build** 建てる、つくる	The city has decided to **build** a new bridge. 市は新しい橋を**つくる**ことを決めた。
☐ **butter** バター	I have **butter** on my toast. 私はトーストに**バター**をつける。
☐ **cafeteria** カフェテリア	Let's have lunch at the **cafeteria**. **カフェテリア**で昼食をとりましょう。
☐ **catch** ～をとる、つかまえる	When she **catches** the ball, the game is over. 彼女がボールを**とる**と、試合は終わる。
☐ **check** 確かめる	It is my brother's job to **check** the mailbox every morning. 毎朝、郵便受けを**調べる**のが妹（姉）の仕事だ。
☐ **child** 子ども	How many **children** does he have? 彼には何人の**子ども**がいますか？
☐ **city** 市、都市	He lives in a big **city** with his brother. 彼は兄（弟）と一緒に大**都市**に住んでいる。
☐ **class** 授業、学級	She has three **classes** this morning. 彼女は今日の午前中に３つの**授業**があります。
☐ **college** 大学	I want to study English at a **college** in England. 私はイギリスの**大学**で英語を学びたい。
☐ **daughter** 娘	She is Mr. Mason's **daughter**. 彼女はメイソンさんの**娘**だ。
☐ **dictionary** 辞書	I often use my brother's **dictionary**. 私はよく兄（弟）の**辞書**を使う。
☐ **doctor** 医者	You should see a **doctor**. あなたは**医者**に診てもらった方がよい。
☐ **during** ～の間（に）	What will you do **during** the vacation? あなたは休暇**の間に**何をする予定ですか？
☐ **eraser** 消しゴム	I forgot to put an **eraser** in my pencil case. 筆箱に**消しゴム**を入れ忘れた。
☐ **exciting** うれしい、心おどる	What **exciting** news that you won the contest. コンテストで優勝したとは、なんとも**うれしい**ニュースですね。
☐ **famous** 有名な	Hemingway is a very **famous** writer. ヘミングウェイはとても**有名な**作家だ。

単語	例文
☐ **find** ～を見つける	I **found** a lot of mistakes in the letter. 手紙にたくさんの間違い**を見つけた**。
☐ **fish** 魚	I want to have **fish** for dinner today. 私は今日、夕食に**魚**が食べたい。
☐ **free** ひまな、自由な	When I am **free**, I read books. 私は**ひまな**ときは本を読む。
☐ **Friday** 金曜日	I go to the library every **Friday**. 私は毎週**金曜日**に図書館へ行く。
☐ **full** 満腹の	I ate three cakes, so I am **full**. 私は三つもケーキを食べたので、**おなかがいっぱい**だ。
☐ **game** ゲーム	Let's play a computer **game**. コンピューター**ゲーム**をしよう。
☐ **garden** 庭	She likes to see Japanese **gardens**. 彼女は日本**庭園**を見るのが好きだ。
☐ **grandparent** 祖父、祖母	My **grandparents** live in New York. 私の**祖父母**はニューヨークに住んでいる。
☐ **great** すばらしい	This is a **great** movie. これは**すばらしい**映画だ。
☐ **gym** 体育館	Let's play basketball in the **gym**. **体育館**でバスケットボールをしましょう。
☐ **hard** 一生懸命に	He studied **hard** for the test. 彼はテストに向けて**一生懸命に**勉強した。
☐ **heavy** 重い	This dictionary is too **heavy**. この辞書はあまりに**重い**。
☐ **history** 歴史	On top of that mountain is a temple with a long **history**. その山の上に、長い**歴史**を持つ寺院がある。
☐ **hospital** 病院	She works in a **hospital**. 彼女は**病院**で働いている。
☐ **hotel** ホテル	Do you stay at a **hotel** in Boston? あなたはボストンで**ホテル**に滞在しますか？
☐ **interesting** おもしろい	This book is very **interesting**. この本はとても**おもしろい**。

単語	例文
introduce ～を紹介する	I will **introduce** him to my family tomorrow. 明日、家族に彼**を紹介する**予定だ。
knife ナイフ	Can you cut the cake into six pieces with this **knife**? この**ナイフ**でケーキを６つに切り分けてくれますか？
lesson 授業、レッスン	I had my soccer **lesson** yesterday. 私は昨日、サッカーの**レッスン**があった。
library 図書館	On Sundays I go to the **library** and read there all day. 毎週日曜日は**図書館**に行き、一日中そこで本を読む。
little sister 妹	Jim takes his **little sister** to the park every Sunday. ジムは毎週日曜日に**妹**を公園に連れていく。
meet ～に会う	When I first **met** him, I was wearing blue. 初めて彼**に会った**とき、私は青い服を着ていた。
museum 美術館、博物館	I plan to visit many **museums** in Tokyo. 私は東京でたくさんの**美術館**を訪れる予定だ。
need ～を必要とする	I **need** a new racket for my tennis club. 私はテニス部のために新しいラケット**が必要だ**。
play ～をする	My father and I often **play** table tennis. 父と私はよく卓球**をする**。
post office 郵便局	She bought some stamps at the **post office**. 彼女は**郵便局**で数枚の切手を買った。
present プレゼント、贈り物	My uncle is going to give me a **present** when I graduate. 私が卒業したら、叔父が**プレゼント**をくれることになっている。
pretty きれいな	Her dress is very **pretty**. 彼女のドレスはとても**きれいだ**。
project 計画、課題	I'll finish my **project** for English class. 私は英語の授業の**課題**を終わらせる予定だ。
quiet 静かな	You must be **quiet** in the museum. 美術館では**静かに**しなければならない。
radio ラジオ	I often listen to the **radio**. 私はよく**ラジオ**を聞く。
receive ～を受け取る	I **received** a letter from my grandmother. 私は祖母からの手紙**を受け取った**。

☐ **repeat** ～をくり返す	Please **repeat** after me. 私の後に**くり返し**てください。
☐ **rich** 金持ちの、裕福な	Mrs. Smith is very **rich**. スミス夫人はとても**裕福**だ。
☐ **run** 走る	He got up late this morning and **ran** to the station. 彼は今朝遅く起きたので、駅へ**走った**。
☐ **season** 季節	My favorite **season** is spring because I love cherry blossoms. 桜が大好きなので、私の一番好きな**季節**は春です。
☐ **show** ～を見せる	I'll **show** you the pictures of my trip. あなたに私の旅行の写真**を見せ**ましょう。
☐ **sleepy** 眠い	I am very **sleepy** because I couldn't sleep last night. ゆうべは眠れなかったので、とても**眠い**。
☐ **soap** 石けん	My favorite is the rose scented **soap**. 私のお気に入りは、バラの香りの**石けん**だ。
☐ **soon** すぐ、まもなく	I'll finish my homework **soon**. 私は**もうすぐ**宿題を終える。
☐ **speak** 話す	He **spoke** to the new classmate yesterday. 彼は昨日、新しいクラスメートに**話しかけた**。
☐ **stand** 立つ	Please **stand** up. **立って**ください。
☐ **star** 星	I bought these binoculars to see the **stars**. **星**を見るために双眼鏡を買った。
☐ **start** 始まる	The class **starts** at 8:30. 授業は８時半に**始まる**。
☐ **stay** 滞在する	Where will you **stay** in Canada? あなたはカナダではどこに**滞在しますか**？
☐ **story** 話、物語	I have many **stories** of failure at work. 仕事での失敗した**話**はたくさんある。
☐ **strong** 強い	My brother is very **strong**. 私の兄（弟）はとても**強い**。
☐ **subject** 教科	My favorite **subject** is math. 私の好きな**教科**は数学だ。

単語	例文
☐ **sunny** 晴れた	If it's **sunny** tomorrow, let's go swimming. 明日**晴れた**ら、泳ぎに行きましょう。
☐ **temperature** 気温、温度	It rained and the **temperature** dropped very low. 雨が降って、**気温**がとても低く下がった。
☐ **textbook** 教科書	Please open your **textbooks** to page 45. **教科書**45ページを開いてください。
☐ **think** ～と思う	I **think** so, too. 私もそう**思う**。
☐ **tired** 疲れた	She practiced hard, so she was very **tired**. 彼女は一生懸命練習をしたので、とても**疲れた**。
☐ **together** 一緒に	They will go to the party **together**. 彼らは**一緒に**パーティーに行くつもりだ。
☐ **town** 町	My brother moved to a small **town** last year. 昨年、兄（弟）は小さな**町**に引っ越した。
☐ **twelfth** 12番目の	December is the **twelfth** month of the year. 12月は１年のうち**12番目の**月です。
☐ **umbrella** 傘	May I borrow your **umbrella**? **傘**をお借りしてもいいですか？
☐ **use** ～を使う	He doesn't **use** his new lunchbox at all. 彼は新しい弁当箱**を**まったく**使って**いない。
☐ **useful** 役に立つ	A large bag is **useful** when you have a lot of things. 荷物が多いときは、大きいバッグが**役に立つ**。
☐ **vacation** 休暇、休み	I'll go to Italy during the summer **vacation**. 私は夏**休み**にイタリアへ行く予定だ。
☐ **visit** ～を訪問する	I **visited** my grandparents in Kyoto last month. 私は先月、京都にいる祖父母**を訪ねた**。
☐ **wait** 待つ	I'm **waiting** for you at the library. 私は図書館であなたを**待って**います。
☐ **wind** 風	The **wind** was very strong yesterday. 昨日は**風**がとても強かった。
☐ **worry** 心配する	Don't **worry**. **心配し**ないで。

熟語

a glass of ～
1杯の～
She is drinking **a glass of** wine.
彼女は**1杯の**ワインを飲んでいます。

a member of ～
～の一員
Is he **a member of** the judo club?
彼は柔道部**の一員**ですか？

a part of ～
～の一部
The last **part of** the movie was interesting.
その映画の最後**の部分**はおもしろかった。

after work
仕事終わりに
He often goes to the library **after work**.
彼は**仕事の後に**よく図書館へ行く。

all over the world
世界中で
She is popular **all over the world**.
彼女は**世界中で**人気者だ。

arrive at ～
～に到着する
She **arrived at** the hotel in the morning.
彼女は午前中にホテル**に到着した**。

ask ～ for …
～に…を頼む(求める)
I **asked** my father **for** help.
私は父**に**助け**を求めた**。

at home
家で
Tomorrow, I plan to make cookies **at home**.
明日は**家で**クッキーを作る予定だ。

at once
すぐに
Leave here **at once**.
すぐにここを出発しなさい。

be able to ～
～することができる
I **was able to** answer the question easily.
私はその質問に簡単に答える**ことができた**。

be famous for ～
～で有名な
This hotel **is famous for** its dessert.
このホテルはデザート**で有名だ**。

be good at ～
～が得意である
She **is good at** swimming.
彼女は水泳**が得意だ**。

be happy to ～
～してうれしい
I'm **happy to** see you again.
あなたに再びお会いでき**てうれしいです**。

be interested in ～
～に興味がある
He **is interested in** Japanese culture.
彼は日本文化**に興味がある**。

be kind to ～
～に親切な、やさしい
My father taught me to **be kind to** all people.
父からすべての人**に親切に**するよう教えられた。

be late for ～
～に遅れる
Don't **be late for** the piano lesson.
ピアノのレッスン**に遅れ**ないで。

be ready to ～
～する用意ができている
Are you **ready to** go to school?
学校へ行く**用意はできて**いますか？

between ～ and …
～と…の間の（に）
Let's watch the baseball game **between** Japan **and** Australia.
日本**と**オーストラリア**の**野球の試合を見よう。

both ～ and …
～と…の両方
He can play **both** the drums **and** the guitar.
彼はドラム**と**ギター**の両方**を演奏することができる。

catch a cold
かぜをひく
She often **catches a cold**.
彼女はよく**かぜをひく**。

for a long time
長い間
He will stay in Okinawa **for a long time**.
彼は沖縄に**長い間**、滞在する予定だ。

for example
例えば
I like fruit, **for example**, apples and peaches.
私は果物が好きだ。**例えば**、りんごや桃だ。

for the first time
初めて
She saw a panda **for the first time**.
彼女は**初めて**パンダを見た。

from ～ to …
～から…まで
I work **from** nine **to** five every day.
私は毎日９時**から**５時**まで**働く。

get off
降りる
When the train arrived at the station, we **got off** in a hurry.
電車が駅に着くと、私たちは急いで**降りた**。

go back
帰る、戻る
She **went back** to her seat.
彼女は席に**戻った**。

go on a picnic
ピクニックに行く
Shall we **go on a picnic** this afternoon?
今日の午後、**ピクニックに行き**ませんか？

go on a trip
旅行する
I **went on a trip** to Fukuoka last month.
私は先月、福岡を**旅行した**。

have a good time
楽しいときを過ごす
Did you **have a good time** in Hawaii?
ハワイでは**楽しく過ごし**ましたか？

have a plan
計画を立てる
Do you **have any plans** for Emi's birthday party?
あなたはエミの誕生日会の**計画を立てて**いますか？

have a sleep
眠る
Have a good **sleep**.
ぐっすり**眠りなさい**。

have a snow 雪が降る	We **have** a lot of **snow** this winter. 今年の冬は、たくさんの**雪が降っています**。
have an idea 考えがある	He **has a** good **idea**. 彼にはよい**考えがある**。
hear about ～ ～について聞く	Did you **hear about** his brother? 彼のお兄（弟）さん**について聞き**ましたか？
hear ～ from … …から～を聞く	I **heard** about the concert **from** my sister. 私は姉（妹）**から**そのコンサートについて**聞いた**。
hope to ～ ～することを望む	I **hope to** learn Chinese next year. 私は来年中国語を学ぶ**ことを望んでいる**。
how about ～ ～はどうですか	**How about** sushi for dinner? 夕食に寿司**はどうですか**？
hurry up 急ぐ	**Hurry up**, or you will be late for school. **急いで**、さもないと学校に遅れるよ。
in front of ～ ～の前に	The school is **in front of** the post office. 学校は郵便局**の前に**ある。
in the future 将来	I want to be a doctor **in the future**. 私は**将来**、医者になりたい。
just a minute ちょっと待ってください	**Just a minute.** I'm cooking now. **ちょっと待ってください**。私は今、料理中です。
just a moment ちょっと待ってください	**Just a moment.** I will go soon. **少しお待ちください**。すぐに行きます。
kind of ～ ～の種類、～の一種	What **kind of** sports do you like? **どんな**スポーツが好きですか？
leave for ～ ～に向けて出発する	The train will **leave for** Nagoya. その電車は名古屋**に向けて出発し**ます。
look for ～ ～を探す	I'm **looking for** my key. 私はかぎ**を探し**ています。
lots of ～ たくさんの～	You can see **lots of** stars tonight. 今夜は**たくさんの**星を見ることができる。
more and more ますます	She becomes **more and more** famous in Japan. 彼女は日本で**ますます**有名になっている。

熟語	例文
☐ **once again** もう一度	Let's listen to the CD **once again**. **もう一度**そのCDを聞いてみましょう。
☐ **play catch** キャッチボールをする	We often **play catch** on Sundays. 私たちはよく日曜日に**キャッチボールをする**。
☐ **say hello to ～** ～によろしくと伝える	Please **say hello to** your parents. ご両親**によろしくお伝え**ください。
☐ **so ～ for …** …にとってとても～	This question was not **so** difficult **for** me. この質問は私**にとってそれほど**難しくなかった。
☐ **take a bath** 風呂に入る	I usually **take a bath** at 8:00 p.m. 私はたいてい午後８時に**風呂に入る**。
☐ **take a shower** シャワーを浴びる	**Take a shower** before dinner. 夕食前に**シャワーを浴びなさい**。
☐ **take a train** 電車に乗って	Tomorrow, I plan to **take a train** to the zoo. 明日は、**電車に乗って**動物園に行く予定だ。
☐ **take a trip** 旅行する	We **took a trip** to Paris last summer. 昨年の夏、私たちはパリを**旅行した**。
☐ **take a walk** 散歩する	Let's **take a walk** before lunch. 昼食の前に**散歩し**ましょう。
☐ **take off** 脱ぐ	Please **take off** your hats in your classroom. 教室では帽子を**脱いで**ください。
☐ **the way to ～** ～への道	Could you tell me **the way to** the station? 駅**までの道**を教えていただけませんか？
☐ **think of ～** ～のことを思う	He **thinks** only **of** himself. 彼は自分**のこと**しか**考え**ない。
☐ **wait a minute** ちょっと待ってください	Please **wait a minute**. **ちょっとお待ちください**。
☐ **wake up** 起きる	He usually **wakes up** at 7:00 a.m. 彼はたいてい午前７時に**起きる**。
☐ **What do you think of ～** ～についてどう思いますか	**What do you think of** his opinion? あなたは彼の意見**についてどう思いますか**？
☐ **work for ～** ～で働く	He **works for** a railway company. 彼は鉄道会社**で働いている**。

著者
伊藤佳世子　いとう かよこ
京都大学国際高等教育院准教授を経て、高野山大学文学部教育学科教授。専門はアメリカ演劇。特に演劇技法やテキストの文体形式についての研究を行う。
〈著書〉
『The Play Writing of Eugene O'Neill. Its Process and Technique』(BOOK EAST)、『女性・演劇・比較文化(共著)』『越境する文化(共著)』『比較文化の競演(共著)』(英光社)、『決定版英語エッセイ・ライティング(共著)』(コスモピア)、『Power Charge for the TOEIC Test(共著)』『THE NEXT STAGE TO THE TOEIC TEST. Intermediate(共著)』(金星堂)、『Get It, Essay Writing(共著)』(大阪教育図書)など

英検®4級 頻出度別問題集 音声DL版

著　者　伊藤佳世子
発行者　高橋秀雄
発行所　**株式会社 高橋書店**
〒170-6014 東京都豊島区東池袋3-1-1 サンシャイン60 14階
電話　03-5957-7103

本書の内容についてのご質問は「書名、質問事項(ページ、内容)、お客様のご連絡先」を明記のうえ、郵送、FAX、ホームページお問い合わせフォームから小社へお送りください。
回答にはお時間をいただく場合がございます。また、電話によるお問い合わせ、本書の内容を超えたご質問にはお答えできませんので、ご了承ください。本書に関する正誤等の情報は、小社ホームページもご参照ください。

【内容についての問い合わせ先】
書　面　〒170-6014 東京都豊島区東池袋3-1-1 サンシャイン60 14階　高橋書店編集部
F A X　03-5957-7079
メール　小社ホームページお問い合わせフォームから　(https://www.takahashishoten.co.jp/)

【不良品についての問い合わせ先】
ページの順序間違い・抜けなど物理的欠陥がございましたら、電話03-5957-7076へお問い合わせください。
ただし、古書店等で購入・入手された商品の交換には一切応じられません。